Das Buch stellt Frauen in Berlin vor, die in fünf Jahrhunderten von Bedeutung im täglichen Leben der Bevölkerung waren oder die Einfluss genommen haben auf das Wachsen und Gedeihen ihrer Stadt. Frauen aus allen Zeiten und aus allen Gesellschaftsschichten, arme Weiber wie die Hexe Walpurga, einflussreiche Fürstinnen wie die wunderschöne Königin Luise von Preußen und europaweit bekannte Salonièren wie Henriette Herz und Bettina von Arnim. Der Bogen spannt sich vom Mittelalter bis ins 19. Jahrhundert.

Beate Neubauer, Historikerin mit Schwerpunkt Frauengeschichte und jüdisches Leben in Berlin und Brandenburg. Veröffentlichungen zu berühmten Frauen Berlins und zur europäischen Salonkultur und seit 20 Jahren Führungen im Rahmen der FRAUENTOUREN.

www.frauentouren.de

Inhalt

Beate Neubauer

Hexenküchen, Schlösser & Salons

Geschichten aus dem alten Berlin

edition ebersbach

Einleitung

Das Buch stellt Frauen in Berlin vor, die in fünf Jahrhunderten von Bedeutung im täglichen Leben der Bevölkerung waren oder die Einfluss genommen haben auf das Wachsen und Gedeihen ihrer Stadt. Frauen aus allen Zeiten und aus allen Gesellschaftsschichten, arme Weiber wie die Hexe Walpurga, einflussreiche Fürstinnen wie die wunderschöne Königin Luise von Preußen und europaweit bekannte Salonièren wie Henriette Herz und Bettina von Arnim. Der Bogen spannt sich vom Mittelalter bis ins 19. Jahrhundert.

In der mittelalterlichen Doppelstadt Berlin und Cölln lebten Fischer und Händler, Schiffer und Handwerker – aber auch Fischweiber, Badweiber und Beginen. Eine bunte Menschenmischung, denn die Region lebte von Handel und Wandel und von einer guten Portion Durchhaltevermögen. Die christliche Religiosität dieser Bevölkerung war nicht übermäßig ausgeprägt, dafür blühte der Aberglauben. Und je schlechter die Zeiten, umso günstiger für die Verfolgung des Bösen. Walpurga, die Hexe aus Berlin, war eine der ersten »alten Weiber«, die, da sie mit dem Teufel im Bunde stand, auf dem Scheiterhaufen endete.

Es war eine Zeit, die die heutige Großstadt Berlin nur noch an wenigen Plätzen erinnern kann: Rund um das Rote Rathaus bis hin zur Klosterstraße, um die Heilig-

Geist-Kapelle in der Spandauer Straße, um die Niko-
lai- und die Marienkirche mit ihren Märkten finden wir
noch Spuren des Lebens früherer Generationen auf der
Berliner Seite der Spree. Die Fischerinsel auf der Cöllner Gegenseite der Spree ist überhaupt der erstbewohnte
Teil Berlins gewesen.

Entlang der Promenade auf der Berliner Seite an der
Spree, beginnend in der Klosterstraße bis zum Reichstag ziehen die Jahrhunderte in imaginären Bildern vorüber. Dabei werden 1.000 Jahre Siedlungsgeschichte
lebendig.

Ein grüner Rasen symbolisiert zurzeit auf der Gegenseite in Cölln das Areal des ehemaligen Stadtschlosses der Hohenzollern, von Berliner Dom und Marstall
bekränzt. Dieser Platz, der die alte wie die neue Mitte
Berlins repräsentiert, soll mit dem Humboldtforum ein
neues Hauptstadtsymbol erhalten.

Hier stand das alte Hohenzollernschloss und erinnerte an 503 Jahre Hohenzollernherrschaft. Die Hohenzollern kamen 1415 aus Nürnberg in die arme Mark
Brandenburg, ihre Karriere begannen sie als Kurfürsten. Durch Heiratspolitik und Taktieren mit Kaiser
und Klerus erhielten sie ihre Macht in den ersten Jahrhunderten auf der »Streusandbüchse des Heiligen Römischen Reiches«, wie die Mark wegen ihres sandigen
kargen Bodens liebevoll und spöttisch genannt wurde.

Es war die Zeit, in der Aberglaube sowohl im Fürs-
tenhaus als auch in der Kate der Märker allgegenwärtig
war.

Die Hexenverfolgungen und die Reformation hängen
eng zusammen – waren es doch Zeiten, die die Menschen aufs Äußerste verunsicherten. Mit der standhaf-

ten Elisabeth von Dänemark hat sich die Reformation in der Mark Brandenburg durchgesetzt.

Gegen Ende des 30-jährigen Krieges rettete im Jahr 1646 eine Hochzeit das verwahrloste Kurfürstentum und eine neue, eine aufbauende, die barocke Zeit begann. Friedrich Wilhelm von Brandenburg – der Große Kurfürst – heiratete die älteste Tochter des Hauses Oranien. Luise Henriette von Oranien brachte den Calvinismus, Geld und 7.000 Niederländer ins Land, die sich auf dem Friedrichswerder niederließen.

Umbruchzeiten waren in der Mark Brandenburg stets auch Zuwanderungszeiten.

Was wäre aus der Stadt geworden ohne die ständige Zuwanderung?

Die Juden durften sich in der Spandauer Vorstadt ansiedeln – links der Scheunen und rechts vom Rosenthaler Tor, dem Judentor, erinnert heute die Neue Synagoge an die Bedeutung der Juden für den Wiederaufbau der Stadt.

Es kamen die Böhmen – sie waren Bierbrauer und Weber – und gründeten böhmische Dörfer. So entstand u. a. Böhmisch-Rixdorf, das heutige Neukölln.

In diese Aufbauzeit hinein heiratete 1668 nach dem Tod Luise Henriettes der Große Kurfürst ein zweites Mal. Dorothea von Lüneburg war eine unternehmerisch hochbegabte Fürstin, die als zweite Gemahlin Friedrich Wilhelms die spätere Prachtstraße Unter den Linden pflanzte und den Stadtausbau vorantrieb. Auch das Havel- und Oderland erzählt von ihren Unternehmungen. Wer sich heute fragt, was es mit dem Dorotheenstädtischen Friedhof auf sich hat, der muss sich an ihren Namen erinnern.

Mit dem kulturellen Einfluss der Zuwanderer begann im Berlin des aufgeklärten toleranten wie galanten 18. Jahrhundert eine spannende Epoche, die hauptsächlich von den 24.000 glaubensverfolgten Franzosen, den Hugenotten, die in Berlin und Brandenburg aufgenommen wurden, geprägt wurde.

Sie brachten nicht nur die Gabel, also feine Lebensart, und einen gewissen Luxus aus dem hochentwickelten katholischen Frankreich Ludwigs XIV. mit, sondern vor allem Zuwanderer, die den Aufbau Berlins und Brandenburgs wesentlich beeinflussten, durften sich ansiedeln. So kamen Spiegelmacher wie die Familie Colomb, deren Tochter eine Frau von Humboldt wurde, oder Drucker und Verleger wie die Familie Reclam.

Und mit ihnen kam eine Geselligkeitskultur, die weit über das 18. Jahrhundert hinaus Bestand haben sollte: der Salon.

»In Paris geht nichts ohne die Frauen. Sie sind nicht mehr nur in erster Linie Töchter ihrer Väter, Gattinnen oder Mütter, sondern sie sind jetzt Freundinnen ihrer Freunde«, so der aufgeklärte Philosoph Voltaire über die berühmten Salonièren. In der sich über ganz Europa verbreitenden Salongeselligkeit trafen sich Männer und Frauen, Adel und Bürgertum, religiös oder nicht religiös gebunden, verheiratet und unverheiratet. Ja, sogar die Juden, die bisher nur am Rande der Gesellschaft ein geduldetes Leben führen konnten, wurden jetzt mit Namen wie Moses Mendelssohn und den Namen der ersten jüdischen Frauen, »die ihre Häuser öffneten«, bekannt. Dazu gehörte vor allem die schöne wie sprachbegabte Jüdin Henriette Herz in Berlin. In ihrem Haus entstand eine jugendfrische Geselligkeit. Sie nannte ihren Kreis den »Tugendbund« und es gehörten ihm Persönlichkeiten wie Rahel Levin und Wilhelm von Humboldt an. Die bürgerliche Zeit begann mit neuen Idealen und mit einer Öffentlichkeit, in die Frauen erstmalig, wenn auch noch wenige und nicht selbstverständlich, einbezogen wurden.

Das hatte Wirkung auch in den herrschenden Adelshäusern: Die wunderschöne Königin Luise von Preußen wurde die erste Bürgerkönigin genannt. Wie keine andere Fürstin wurde sie ein weiblicher Mythos und Vorbild für das preußische Frauenideal im 19. Jahrhundert. Da konnte die kluge Sophie Charlotte, der wir Charlottenburg verdanken, nicht mithalten, obwohl auch sie ihre Meriten als erste Königin in Preußen hatte.

Eine der bedeutendsten Protagonistinnen des Übergangs in die bürgerliche Zeit des 19. Jahrhunderts war Bettina von Arnim, die erste sozialkritische Schriftstellerin in deutscher Sprache. Aber sie war viel mehr: Romantikerin, Exzentrikerin, Briefschreiberin von hohem Format, politisch denkend und agierend und dabei Liebende, Mutter und Freundin. In ihr finden wir eine Frau, die über ihre Zeit hinaus ein Symbol blieb – wie alle Frauen, die in diesem Buch porträtiert werden und die Stadtgeschichte in unterschiedlicher Weise geprägt haben.

Die Hexe Walpurga

Die älteste uns aktenkundig erhaltene Mitteilung über Zauberei oder schwarze Magie in der Mark Brandenburg stammt aus dem 16. Jahrhundert. In der Stadt Eberswalde waren Milch und Bier verzaubert worden, so dass sie nicht genießbar waren. Wer sie verzaubert und wie das gewirkt haben soll, wissen wir nicht. Auch nicht, ob Hexen oder Zauberer am Werke waren.

Aber nur ein Jahr später, 1554, kochte ein Weib in Rhinow eine Kröte, Erde von einem Grab und Holz von einer Totenbahre zu einem Trank und goss diesen in einen Torweg, den viele Leute durchqueren mussten. Eine Hexe! Es stellte sich heraus, dass schon deren Mutter durch Hexerei aufgefallen war, auch sie hatte Zaubersuppe gekocht. In diese gehörte auch Wachs von einer Kerze, die bei einer Kindtaufe gebrannt haben musste. Das erhöhte die Wirkung.

Eine andere Zauberin hatte vor der Haustür des Albrecht von Quitzow zu Premzlin einen Giftsud aus Asche ausgegossen. Seine Frau, die über diesen Sud ging, bekam danach keine Kinder mehr.

Die Zahl der Prozesse nahm in dieser Zeit immer mehr zu, allerdings wurde meist mit Bußgeld und Verwarnung gestraft, selten wurde der Tod durch Verbrennung durchgesetzt.

Verbrannt wurde 1569 eine Zauberin namens Lemmen in Neuruppin, welche wissentlich einen Mann geheiratet hatte, der bereits verheiratet war, worauf damals die Todesstrafe stand. Sie bekannte freiwillig und auf der Tortur, dass sie einen Teufel namens Hans habe, der alles tun müsse, was sie wolle. Sie habe ihm dafür Geld, Brot und Speck gegeben.

Der Papst sah vielfachen Anlass, um gegen das Böse an sich und Andersdenkende vorzugehen. Die Bekämpfung der Ketzer war notwendig geworden, weil

»… eine große Anzahl von Personen beiderlei Geschlechtes, des eigenen Heils uneingedenk und vom katholischen Glauben abfallend, mit dem Teufel Unzucht treiben und mit ihren Zaubersprüchen und Beschwörungen und anderen abscheulichen Hexenkünsten, also durch Verbrechen und Frevel, die Kinder der Menschen wie die Jungen der Tiere töten, die Saaten der Felder, die Trauben der Weinberge und die Früchte der Bäume zugrunde richten, Mensch und Tier mit entsetzlichen inneren und äußeren Qualen peinigen und das eheliche Zusammensein der Männer und Frauen verhindern.«

Die Verfolgung von bösem Zauber durch Zauberer, Hexen und Hexenkinder ging gezielt und rechtlich geschützt um, seit zwei Dominikanerbrüder im Jahr 1487 den *Hexenhammer* geschrieben und in Umlauf gebracht hatten. Sie setzten Zauberei mit Ketzerei gleich und wollten grundlegend dagegen vorgehen.

Zunächst war die Hexenlehre der Dominikaner sowohl bei der Obrigkeit – wegen der neuen, drakonischen Strafen – wie auch beim Volk auf Widerstand gestoßen, aber es waren schwere Zeiten für die Papstkirche gekommen, überall regte sich Widerstand gegen die kirchlichen Dogmen, der gebrochen werden musste.

Der *Hexenhammer* war ein sehr einfach geschriebenes Nachschlagewerk, das auch weniger Gebildete leicht erfassen und umsetzen konnten. Das Buch bestand aus drei Teilen:

1. Es existieren Hexen, sie sind von Natur böse. Wie erkenne ich eine Hexe und mit welchen Mitteln kann ich mich gegen bösen Zauber schützen?

   Der Teufel zeichnet die Seinen. Rote Haare, rot wie das vom Teufel unterhaltene Höllenfeuer, und Hautveränderungen wie Narben sind typische Zeichen.

   Vor dem bösen Blick der Hexen kann man sich durch Amulette aus Tierknochen, Baumrinde oder Menschenhaar schützen.

2. Wie bekämpfe ich bösen Zauber durch Zauberer, Hexen und Hexenkinder?

   Gegen Hexenzauber hilft nur die Verbrennung, denn das Feuer ist des Teufels Werk.

   Wer einer solchen Verbrennung beiwohnt, dem sind alle Sünden vergeben und auch die seiner Kinder und Kindeskinder.

3. Praktische Anweisungen für die weltlichen und geistlichen Richter zur korrekten Führung von Prozessen wider bösen Zauber.

   Vor allem Amulette in allen erdenklichen Formen schützten gegen den Einfluss z. B. des bösen Blickes, dem ja die Richter bei der Begegnung mit den Hexen ausgesetzt waren.

Da auch von den Kanzeln wider die böse Zauberei gepredigt wurde, konnten auch im kleinsten Dorf die Grundlagen für Misstrauen und Angst untereinander geschürt werden. So kam es in den kommenden Jahrhunderten zu regelrechten Hexenjagden bis hin zur Vernichtung ganzer der Zauberei verdächtiger Familien.

Auf welche gesellschaftliche Situation traf die Hexenverfolgung?

Seit der Christianisierung des »wilden Ostens« waren jahrhundertelang Zuwanderer in die sandige, sumpfige und daher armselige Mark Brandenburg gekommen. Sie kamen meist aus dem Harzvorland und dem Rheinland und waren keineswegs wohlhabend, sondern es kamen vor allem diejenigen jungen Männer, die zuhause in der Erbfolge als 6. oder 7. Sohn nichts zu erwarten hatten. Es kamen die Abenteurer, die Kriminellen, die Wanderarmut, eine bunte Mischung Volks, von denen keinesfalls tiefe Religiosität zu erwarten war. Die Doppelstadt Berlin und Cölln hatte somit viele Probleme mit den Zuwanderern. Daraus ergab sich eine städtische Rechtsprechung, um die Ordnung und Zucht zu erhalten, die uns heute extrem hart vorkommt.

In der Mark Brandenburg wie in Berlin und Cölln galten die sogenannten Spiegelstrafen: Einem Dieb wurde die Hand abgehackt, einem Überträger von Gerüchten die Zunge herausgeschnitten und die widerspenstigen Marktweiber kamen am alten Markt an der Nikolaikirche in Berlin unter den Kolk. Eine Kopie der Figur in Form eines menschenähnlichen Vogels ist heute noch an der nachgebildeten Gerichtslaube in der Poststraße zu finden. Hier wurden die Verurteilten verhöhnt und verspottet, aber auch mit Abwasser und Müll beworfen. Ansonsten diente die Gerichtslaube mit ihrem offenen Zugang zur Belustigung und Belehrung sowie zur Abschreckung der Bevölkerung, denn jeder Prozess konnte öffentlich verfolgt werden. In einer Zeit ohne viel Unterhaltung war das eine beliebte Abwechslung. Die besonders spektakulären Fälle wurden gewiss von den nächsten Generationen, leicht verändert, weitergetragen und fanden auf diese Weise Eingang in die Berliner Sagenwelt.

Der Glaube oder Aberglaube an guten und bösen Zauber lässt sich aber schon sehr viel früher, um 1400, in den Rechtsakten der Städte der Mark Brandenburg und somit auch der kleinen Doppelstadt Berlin und Cölln an der Spree nachweisen.

Im sogenannten *Berliner Stadtbuch* finden wir Walpurga oder, wie sie auch genannt wurde, »die alte Wollenberg« bzw. »die Wollburg« aktenkundig erwähnt. Im *Buch der Übertretungen* oder im Original das *Buyk der Overtredunge* zeichnete der Chronist die Rechtsfälle auf, die von der Stadt als Prozesse geführt wurden und somit auch Beispielcharakter haben sollten.

Unsere Walpurga lebte im Berlin des beginnenden 15. Jahrhunderts, einer Zeit, in der die Bürger in den fürstenfreien Binnenhansestädten Berlin und Cölln von Fischerei, Schifferei, Handel in jeder Art und auch Tuchmacherei lebten. Walpurga gehörte zum dritten Stand, zu den ärmeren Leuten ohne eigenes Haus. Dazu gehörten Berufe wie die Fischer, Tuchscherer, Schuhflicker, Gerber, Färber, alles kleine Leute ohne Rechtseinfluss, die froh sein konnten, den Bürgerbrief zu besitzen, der ihnen erst das Leben innerhalb der Stadtmauern ermöglichte.

Vielleicht war Walpurga mit einem der vielen Gelegen-
heitsarbeiter verheiratet, die beim Be- und Entladen der
Schiffe auf der Spree aushalfen oder die beim Treideln
über die Furt, den Mühlendamm, eingesetzt wurden.
Das war Schwerstarbeit und es geschahen viele Unfälle.
Vielleicht war Walpurgas Mann an Entkräftung oder an
Verletzungen gestorben.

Die erste erhaltene Urkunde der Stadt Berlin, die uns
Näheres zum Alltagsleben der Walpurga erzählen kann,
ist eine Kleiderordnung aus dem Jahre 1343. Die »Ratmannen«, also der Gemeinderat, legten unter anderem
fest:

»Ferner wollen wir, wenn eine Jungfrau zum Manne
gegeben wird oder eine Frau sich wieder verheiratet,
was man dann ihnen gibt, das gönnen wir ihnen von
Herzen und das sollen sie behalten und niemandem zu-
rückgeben. [...]

Endlich wollen wir, wenn jemand außerhalb unserer
Städte eine Frau oder Jungfrau ehelichte und die Frau
oder Jungfrau brächte großes Geschmeide mit sich in
unsere Städte, so dürfen sie das einen Monat hindurch
tragen, also vier Wochen und nicht länger.«

Walpurga hatte als Witwe nicht nur die Möglichkeit,
die Arbeit ihres verstorbenen Mannes weiterzuführen,
sondern sie besaß seit ihrer Verheiratung auch eigenes
Vermögen. Das ermöglichte ihr ein relativ selbständiges
Leben. Und da Schmuck schon bei der Kindstaufe geschenkt wurde, hatte sie vielleicht auch einige silberne
Ringe oder seidene Tücher für die größte Not in einem
geheimen Versteck in ihrem aus Lehm gefertigten und
mit Stroh gedeckten Häuschen.

Walpurga wird uns als »alte« Wollenberg übermittelt.

Mädchen wurden damals ab zwölf Jahren verheiratet. In diesem Alter setzte die Menstruation im Durchschnitt ein, das Zeichen für die Ehetauglichkeit. Kinder scheint sie nicht geboren zu haben, da diese sonst erwähnt worden wären. Der Grund für ihre Kinderlosigkeit könnte darin gelegen haben, dass sie nach mehreren Fehlgeburten wegen schwerer Arbeit beim Waschen am Fluss keine weiteren Kinder gebären konnte.

Angenommen, Walpurga wurde mit 14 Jahren verheiratet, dann konnte sie mit ungefähr 24 Jahren Witwe geworden sein. Das ist für uns heute eine sehr junge Frau, die durchaus am Beginn ihres Lebens steht. Im frühen Mittelalter allerdings war sie »hoch in den Jahren«, denn die durchschnittliche Lebenserwartung lag für Frauen bei 27 Jahren, bei Männern waren es 37 Jahre.

Neben dem Waschen der Wäsche für wohlhabende Familien wie die Ratsfamilien oder die wohlhabenden Handwerkerfamilien war Walpurga offensichtlich interessiert und begabt für die weitverbreitete Kräuterkunde.

Die Krankenpflege und die damit verbundenen Kenntnisse lagen stets bei den Frauen in der Familie. Das muss eine uralte überlieferte weibliche Tradition gewesen sein, die weit vor der Christianisierung bereits in den heidnischen Kulturen gepflegt und hochkultiviert wurde.

Im Lebensalter Walpurgas waren es vor allem die Mönchs- und Nonnenorden, die sich mit der Unterhaltung von Hospitälern dem christlichen Auftrag der Nächstenliebe und Pflege widmeten. Auch die Hebammen waren hochbegabte Kräuterkennerinnen und wurden oft zu Rate gezogen.

Bei alltäglichen Erkrankungen aber ging Walpurga nicht ins Spital und auch nicht zur Hebamme, die bezahlt werden musste. Jede Hausfrau kannte eigene Rezepturen und wandte sie bei Mensch und Vieh sowie bei Pflanzen an.

Manche Frau erkannte ihre Begabung für die Pflanzenheilkunde und half ihren Nachbarinnen und Verwandten gern mit Rat und Tat aus. So wird auch Walpurga zu ihrem Ruf als »weise Frau« gekommen sein. Ihr mussten die Nachbarn kein Geld geben, sondern man half sich gegenseitig, gab sich kleine Geschenke wie Nahrungsmittel, flickte Walpurgas Dach und verbreitete ihr Ansehen durch weitere Empfehlung.

In Städtchen wie Berlin und Cölln lebten die Menschen auf engstem Raum nebeneinander, geordnet und übersichtlich nach Wohlstand und Ansehen. Rund um die Kirche und die Märkte wohnte der erste Stand der Ratsherren und Großhändler, danach die reichen Gewerke wie die Bäcker und Schlächter, die Schuster und Tuchmacher. In den immer enger werdenden Gassen hin zur Stadtmauer – auf der Berliner Seite an der Klosterstraße, auf der Cöllner Seite am Spittelmarkt – lebten dann die ärmeren Handwerker wie die Messerschmiede, die Schuhflicker, die Fischer und alle anderen Leute ohne Hausbesitz.

Die unehrlichen Berufe lebten direkt an der Stadtmauer. Dazu gehörte der Henker, der gleichzeitig Abdecker war. Dazu gehörten die Gerber und Färber, deren Gewerbe geruchsintensiv und daher nicht beliebt waren. Und dazu gehörte die Armut der Witwen und

Waisen, die keinerlei Vermögen besaßen. Außerdem die Badweiber und die Huren, deren Arbeit großzügig behandelt wurde, indem die Badestuben und Hurenhäuser von der Stadt finanziert und in Ordnung gehalten wurden.

Walpurga hatte immerhin in einen ehrlichen Berufsstand eingeheiratet, war also eine gute Frau und ordentliche Witwe mit der besonderen Gabe der Kräuterkenntnis. Rechts und links ihres kleinen Häuschens, umgeben von einem winzigen Gärtchen, lebten ebenso arme Nachbarn. Man vertrug sich »um Gottes willen« und brauchte sich bei kleinen Hilfeleistungen, bei Krankheit und Notfällen.

Wie kam sie in das *Buch der Übertretungen?*

Heino Neuendorf, ihr Nachbar und Schwager – er hatte die Schwester von Walpurgas verstorbenem Mann geheiratet –, war zum Rat der Stadt Berlin gegangen und hatte Anklage gegen seine Verwandte erhoben.

Er erzählte den Ratmannen – und die werden ganz Ohr gewesen sein – die schrecklichen Begebenheiten. Seine Frau, die Neuendorferin, lag in den Kindswochen. Das waren die religiös vorgeschriebenen vier Wochen nach der Geburt, in der die Wöchnerin das Haus nicht verlassen durfte. In dieser Zeit kümmerten sich die Nachbarinnen traditionell um die junge Mutter. So hatte Walpurga ihrer Schwägerin zwei Birnen geschickt. Nach dem Genuss der Birnen war die Neuendorferin augenblicklich schwer erkrankt. Sie ging zu Walpurga und fragte um Rat, was sie gegen ihre Beschwerden tun könne. Bei Walpurga scheinen schon einige Ratsuchende versammelt gewesen zu sein, denn mehrere Männer und Frauen bezeugen, dass Walpurga gerufen habe: »Auf der Erde ist niemand nach Gott denn ich, der dir von deinem Siechtum hilft!«

Walpurga habe auch gleich bekannt, so sagt die Niederschrift im *Buch der Übertretungen,* dass sie die Birnen absichtlich präpariert habe, um ihre Kunst zeigen zu können. In späteren Darstellungen lesen wir, die Nachbarn, die als Zeugen auftraten, hätten erzählt, die alte Wollenberg füttere einen Drachen, der ihr bei ihren Künsten behilflich wäre. Sie hätten diesen Drachen oft des Nachts, wenn der eine oder andere auf den Hof zum Abtritt gegangen wäre, aus dem Schornstein der alten Wollenberg fliegen sehen.

Den Ratsmannen war der Fall eindeutig: eine Hexe, die schwarze Magie, also bösen Zauber betrieb und vernichtet gehörte.

Sie gingen hochkorrekt vor. In der armen Landschaft der Mark Brandenburg war auch die Rechtsfindung pragmatisch gehandhabt worden. So gab es für solche Fälle von Zauberei das Recht der Drittelteilung.

Ein Drittel des Vermögens der oder des Beklagten bekam der Denunziant. Bei allen uns bekannt gewordenen Fällen waren das Nachbarschaftsprozesse. Und auch Heino Neuendorf konnte auf seinen Anteil an Walpurgas Häuschen rechnen. Da lohnte schon eine Anzeige: In religiöser Hinsicht war es lobenswert, in weltlicher Absicht nützlich, Zauberei anzugeben.

Das zweite Drittel erhielt die Stadt, denn die Prozesse waren kompliziert und mussten voller Sorgfalt geführt werden. Wer mit bösem Zauber umging, konnte sich leicht anstecken. So gab es über das Mittelalter hindurch eine anwachsende Literatur zum Thema: Wie schütze ich mich vor dem bösen Blick? Amulette waren am hilfreichsten.

Wir können uns vorstellen, dass die Ratherren mit vielen Amuletten behängt und doch mit einer gewissen Angst diese Prozesse vornahmen. Denn bevor der *Hexenhammer* als Regelwerk eine gewisse Sicherheit im Umgang mit dem Bösen gab, war es eine verflixt gefährliche Angelegenheit, dem Teufel in Gestalt von Hexen und Zauberern zu begegnen.

Der dritte Teil des Vermögens ging schließlich an die allein selig machende römisch-katholische Kirche. Ihre Vertreter begleiteten die Prozesse mit Rat und theologischer Unterstützung, mit Gebeten und Bittgesängen.

Walpurgas Prozess begann. Ihr Häuschen wurde gründlich untersucht und man fand bei ihr Pulver und Kräuterextrakte. Damit war bewiesen, dass sie Umgang mit dem Bösen gehabt haben musste.

Da in Berlin kein Turm belegt ist, in den Verhaftete geworfen wurden, könnte Walpurga in den feuchten Verliesen des Rathauses auf Stroh, bei Wasser und Brot auf den Schuldspruch gewartet haben. Sie wurde regelmäßig verpflegt, denn sie durfte keinesfalls krank oder körperlich verletzt auf den Scheiterhaufen steigen. Der Scheiterhaufen war Hexen und Zauberinnen sicher, denn das Böse konnte nur durch das Feuer vernichtet werden. Der Teufel saß in der Hölle und hütete das höllische Feuer. Nur Feuer war imstande, das Böse zu vernichten. Gleiches mit Gleichem.

Walpurga wurde als Hexe erkannt. Sie hatte keinerlei Rechtsansprüche und ihr muss bewusst gewesen sein, dass das Urteil von Beginn an feststand. Es ist nicht überliefert, ob sie um Gnade gebettelt oder wie sie sich am Tag ihrer Verbrennung verhalten haben könnte. Wir lesen lapidar: Walpurga wurde verbrannt.

Es ist anzunehmen, dass diese Verbrennung auf dem Galgenplatz vor dem Spandauer Tor stattfand. Der Galgenplatz befand sich etwa an der heutigen Oranienburger Straße in Berlin-Mitte, in der Spandauer Vorstadt, gegenüber dem heutigen Volkspark Mon Bijou. Also weit genug von den Häusern der Doppelstadt entfernt, um kein unbeabsichtigtes Feuer zu riskieren.

Außerdem kamen zu einem solchen hochbrisanten Gottesurteil viele Menschen aus allen umliegenden Dörfern. Erstens war es ein spannendes Erlebnis und eine Gelegenheit, eine kleine Reise unternehmen zu können. Zweitens konnten manche Geschäfte anlässlich dieses Besuchs in der Stadt abgewickelt werden. Und drittens wurden mit einer solchen Teilnahme alle Sünden hinfällig und das war für einen Menschen voller religiöser Ängste sicher recht wichtig. Ein Abt aus Magdeburg hat einen Reisebericht über einen solchen Prozess hinterlassen, er schrieb: »Es kam viel Volks. Die Huren und die Tagediebe hatten eine gute Zeit.«

Über drei Jahrhunderte fanden in der Mark Brandenburg Hexenprozesse und -verbrennungen statt. Ihre Hochzeiten hatten sie in Zeiten der Krise. Klimaverschlechterungen und Missernten, die zu Verarmung, Hunger und Not führten, waren im 15. Jahrhundert überdeutliche Gründe für einen ausufernden Aberglauben gewesen. Später waren es der Bauernkrieg und vor allem die reformatorischen Bestrebungen des ehemaligen Augustinermönches Martin Luther, des Predigers

Zwingli und des begabten Calvin, die ganze Generationen in schwere Glaubensnöte und Gewissensängste stürzten und der katholischen Kirche die Macht untergruben. Denn zwischen Gott und dem Menschen, so predigte Luther, bedurfte es keiner Institution Kirche mehr. Jeder Mensch könne mit seinem Gott einen eigenen Dialog beginnen.

Die mittelalterlichen Strukturen lösten sich auf und Ungewissheit vor der Zukunft führten zu weitreichenden Ängsten, vor allem bei der ungebildeten Landbevölkerung und bei der städtischen Armut.

Bis zur Reformation hatte es etwa 16 Hexenprozesse gegeben, getroffen hatte es durchweg »alte Weiber«. Die Stadtherren hatten sich für Sammelprozesse entschieden, denn so ein Scheiterhaufen war ein technisches Wunderwerk. Schließlich mussten die Flammen bei Wind und Wetter sofort lodern, es handelte sich um ein Gottesurteil und da durfte nichts schief laufen. Ein Scheiterhaufen war daher eine teure Angelegenheit. Die Scheiterhaufenbauer kamen aus dem Rheinland, denn dort hatte man wegen der geradezu hysterischen Verfolgung von Zauberern und Juden mehr Erfahrung. Auch in Berlin wurden im 16. Jahrhundert 28 oder 38 – die Quellenangaben sind unterschiedlich – Juden verbrannt. Ihnen warf man Brunnenvergiftungen und Hostienfrevel vor. Es ist auffällig, dass in schlechten Zeiten vornehmlich Frauen und Juden verdächtigt wurden – ein Zusammenhang, der bis heute die Forschung beschäftigt.

Der letzte Hexenprozess in Berlin wurde im Jahre 1728 verhandelt. Die 22-jährige Müllerstochter Dorothea Steffin wurde beschuldigt, einen Vertrag mit dem

Teufel geschlossen zu haben. Sie hatte sich selbst angezeigt und den Ratsherren ausführlich erzählt, der Teufel sei ihr »in Gestalt eines schönen Kavaliers mit einem blauen Rocke, einer rot und gelb scharmerierten (gewürfelten) Weste und mit blanken Stiefeln« erschienen. Er habe ihr zehn Dukaten geschenkt und da habe sie einen Vertrag mit ihm unterzeichnet und ihm ihre Seele verkauft. Den Vertrag habe sie mit ihrem eigenen Blut unterschrieben. Während der Verhandlung versuchte sich Dorothea zu erhängen.

Die geistlichen Berater versuchten der Hexerei mit der beliebten Teufelsaustreibung, dem Exorzismus, beizukommen.

Inzwischen gab es aber in Berlin einen studierten Rechtsgelehrten, der als Richter eingesetzt war. Auch hatte sich aus dem Hofgericht am Hofe der Hohenzollern das Oberste Gericht, das Kammergericht, entwickelt. Damit griff ein Rechtssystem, das sich über die Provinzialgerichte bis hin zu den Dorfgerichten mit eindeutiger Rechtsprechung verband.

Der Prozess ging daher anders aus, als es noch im Fall der Walpurga denkbar gewesen wäre. Das Gericht erkannte auf geistige Umnachtung und Dorothea kam ins Spinnhaus nach Spandau, um sich dort durch regelmäßige Arbeit ihren eigenen Lebensunterhalt verdienen zu können. 1794 kam mit dem aufgeklärten 18. Jahrhundert das preußische Landrecht zur Anwendung und die Hexenprozesse gehörten endgültig der Vergangenheit an. Abergläubische Vorstellungen jedoch sind bis heute in der Mark Brandenburg in vielen Dörfern verbreitet.

Die Kurfürstin Elisabeth und die Reformation in der Mark Brandenburg

In Stendal fand am 10. April 1502 eine doppelte Fürstenhochzeit statt. Die Stadt war gewählt worden, da in Berlin und Cölln seinerzeit die Pest wütete. Die Glocken läuteten und die festlich gekleideten Menschen jubelten. »... dem Allmächtigen zu Lob und Ehre und zu Vermehrung der Liebe und Freundschaft, welche zwischen Dänemark ... mit der Mark Brandenburg bereits lange bestanden.« So predigte der Erzbischof Ernst von Magdeburg.

Joachim I. Nestor von Brandenburg ehelichte Elisabeth von Dänemark und seine Schwester Anna von Brandenburg heiratete den Erbprinzen Friedrich von Norwegen. Dänemark und Brandenburg waren vielfach versippt, wie es üblich war, um die vorgeschriebene Ahnenreihe des Adels einzuhalten und Abhängigkeiten zwischen den Adelshäusern zu festigen.

Denn erst mit dem Nachweis von 16 Generationen zweifelsfreier Adelsheiraten gehörte man endlich zum Hochadel, der die Macht im Reich mitbestimmen konnte, nach acht Generationen immerhin zum niederen Adel des Heiligen Römischen Reiches Deutscher Nation. Das waren die entscheidenden Fragen um Macht und Ansehen der Dynastien – unzählige unglückliche Ehen waren die Folge und der Preis.

Eine solche Pflichtehe verband nun auch den 18-jährigen Kurfürsten von Brandenburg Joachim I. Nestor (1484–1535) mit der 17-jährigen Elisabeth von Dänemark. Seit seinem 15. Lebensjahr hatte Joachim die Pflichten des Regenten übernehmen müssen.

Elisabeth von Dänemark hatte keine glückliche Kindheit und die lieblose Ehe ihrer Eltern hatte sie für ihre eigene Zukunft nicht viel hoffen lassen. Sie galt als nicht schön und von ernster Gemütsart, aber als reiche Erbin. Elisabeth brachte neben der großzügigen Aussteuer und Kleinodien 30.000 rheinische Gulden in die Ehe ein.

Das Paar war bereits äußerlich recht unterschiedlich. Während der Kurfürst Joachim I. Nestor ein kräftiger, um nicht zu sagen vierschrötiger Mann mit lebensfroher Ausstrahlung war, der auf dem Repräsentationsgemälde des berühmten Lucas Cranach d. Ä. mit gelocktem Haar und üppigem Federhut den Renaissancemenschen seiner Zeit verkörperte (das Bild hängt im Weimarer Schloss), lässt das Porträt der Kurfürstin Elisabeth ein schmales, intelligentes wie auch kühles Gesicht erkennen. Ihr ging der Ruf strenger Religiosität voraus, damals durchaus eine wichtige Eigenschaft für eine Fürstin.

Joachim I. von Brandenburg dagegen kam aus einem weniger religiös als weltlich geprägten Haus. Seinem Vater, Johann Cicero, war es gelungen, das legendäre brandenburgische Raubrittertum zu befrieden. Not kennt kein Gebot: Brandenburg war nach wie vor ein armseliges Sandland, wo das tägliche Brot weniger durch Beten als durch harte Arbeit oder eben Räuberei erworben werden musste.

Joachim selbst war ein intelligenter und aufgeschlossener Kopf. Von seiner sächsischen Mutter unterstützt, hatte er in der berühmten Universität zu Bologna juristische Studien getrieben und sogar den Doktortitel erlangt. Daher benannten ihn die Hausgeschichtsschreiber seiner Zeit mit dem Ehrennamen Nestor – einem Namen, der auf die griechische Mythologie zurückgeht und ihn als Gelehrten ehrte. Sie rühmten ihn – und das war ihre Aufgabe – als einen besonnenen Fürsten, der auf den Reichstagen sogar zum Wortführer der Fürsten gewählt worden war.

Im Privaten muss es mit der Besonnenheit nicht ganz so gut gestanden haben, denn er kämpfte immer wieder mit Geldmangel, der, wie der Chronist berichtete, »einzig und allein an dem zu reichen Verbrauche lag, da er sich keine Schranken aufzuerlegen vermochte«.

Daher wurde die junge Fürstin in Brandenburg freundlich empfangen, brachte sie doch teilweise Ansprüche auf Schleswig-Holstein ein und natürlich die erfreuliche Mitgift.

In den ersten Ehejahren zeigte sich, dass Elisabeth nicht nur eine Vorliebe für Feste und Turniere hegte, sondern vor allem ihre geistige Bildung sehr wichtig nahm. Die Märker werden es mit Erstaunen zur Kenntnis genommen haben, war doch die allgemeine Haltung zur weiblichen Bildung: Eine Frau, die männliches Wissen zu erwerben trachtet, verliert ihre Weiblichkeit. Ja, sogar die Gebärfähigkeit war in Gefahr! Die natürliche und von Gott bestimmte Lebensberechtigung einer guten, gottgläubigen Frau.

Bald beruhigten sich die Gemüter, denn die dynastischen Pflichten erfüllte Elisabeth von Dänemark zuverlässig. Bereits drei Jahre nach der Eheschließung wurde der Thronerbe geboren, Joachim II. Hektor. Es folgten drei Töchter und ein zweiter Sohn. Das sind Lebensabschnitte, die jede weibliche Biografie prägen und die bis hierhin auch das Leben einer Fürstin im beginnenden 16. Jahrhundert als durchschnittlich erscheinen lassen.

Eine kurze Kindheit, Heirat, Geburt der Kinder – Pflichterfüllung – waren weibliche Lebensschritte, die, durch die römisch-katholische Kirche geleitet und geführt, jede Frau gemäß den Vorgaben des Kirchenvaters Augustinus »erzogen«. Dieser hatte gefragt: Warum ist das Weib auf der Welt? Die Antwort, die er gab, war einfach und blieb Jahrhunderte lang gültig:

»Das Weib ist auf der Welt um
– zu beten,
– zu dienen, nämlich Gott und ihrem Herrn auf Erden,
– zu pflegen, als da waren Geburt, Krankenpflege, Totenwäsche als weibliche Aufgaben,
– zu tragen, das heißt zu gebären«,

und Luther erweiterte: »und wenn sie sich totträgt, so ist es gottgewollt und zu ihrem ewigen Heile, denn das Tragen ist der Weg des Weibes ins Paradeis.«

Für eine Frau des 16. Jahrhunderts war dies ein festes Regelwerk, an das sie sich zu halten hatte wider alle Versuchungen, und deren waren viele; zum Beispiel Ehebruch und Liebesgeschichten aller Art.

Berücksichtigen wir diese Vorstellungen, finden wir in Elisabeth von Dänemark eine ganz ungewöhnlich gebildete und denkfähige Fürstin, der selbst das Kirchenlatein vertraut war.

Das Ansehen des Hauses Hohenzollern war zwar mit der Verbindung Brandenburg-Dänemark gewachsen, aber hinter dieser gelobten, offiziellen, staatstragenden

Fassade verbarg sich eine von Gegensätzen geprägte Partnerschaft des Fürstenpaares.

Kurfürst Joachim war von cholerischer Gemütsart. Es wird geschildert, dass er vor Erregung oft wie tot umfiel. Elisabeth hielt ihre Ansichten mit festem Willen aufrecht. Das betraf Gebiete, auf denen eine eigene Meinung zu haben sich für eine edle Frau und Fürstin überhaupt nicht ziemte. Vor allem erregten den Fürsten ihre Diskussionen in Glaubensfragen. Glaubensfragen waren hochpolitische Machtfragen, ja Schicksalsfragen des Fürstentums – kein Podium für ein Weib. Wir können jedoch annehmen, dass dem Kurfürsten von Brandenburg nicht nur die Themen der Streitigkeiten zwischen ihm und seiner Ehefrau fremd waren, sondern dass eine so intelligente und gebildete Frau an seiner Seite ihn auch verunsicherte.

Elisabeth war bereits in ihrer Jugend Mitglied des Schwanenordens geworden. Dieser Orden der katholischen Kirche sorgte für die Ausbreitung christlicher Gesinnung wie Gesittung. Das schien der Fürstin in der wenig religiösen Mark Brandenburg eine wesentliche Aufgabe und während der Kurfürst sich der Jagd im wilden Tiergarten und im Grunewald widmete, »auch dem Trunk und der Galanterie« nicht abgeneigt war, blieb Elisabeth einsam zurück im Berliner Stadtschloss (an dessen Stelle später der Palast der Republik erbaut wurde). Das war dazumal ein dunkler, feuchter, schwer beheizbarer und daher ungesunder Wohnort, sehr dazu angetan, die Melancholie und die Gottesfurcht zu befördern. »Ihre betrübte Seele suchte Ruhe und Trost in Gott«, schrieb ein Zeitgenosse. Elisabeth hielt der Einsamkeit das Lesen entgegen.

Ihr Onkel war der Kurfürst von Sachsen-Wittenberg, Friedrich der Weise. Dieser macht seinem Beinamen alle Ehre, denn er war jener Fürst, der dem entlaufenen, exkommunizierten Augustinermönch Dr. Martinus Luther eine Professur an der Universität Wittenberg einrichtete. Über den Onkel erhielt Elisabeth jene Traktate, die immer mehr in Umlauf kamen und auf den Märkten unter den Tischen gehandelt wurden – die Aufsätze des Martin Luther, der wider die allein seligmachende Kirche und ihren Ablasshandel wetterte.

Zwischen dem Menschen und seinem Gott bedürfe es keiner Verwaltungskirche, konnte die Kurfürstin Elisabeth lesen. Es muss sie stark ergriffen haben, dass der ehemalige Mönch Luther gegen die herrschenden Missbräuche in Kirche und Gesellschaft so furchtlos anschrieb.

Nach dem Thesenanschlag Luthers an die Schlosskirchentür in Wittenberg waren diese 95 Thesen schnellstens übersetzt und durch die eben erfundene Buchdruckerkunst vervielfältigt und verteilt worden. Im Volk begann es zu gären, ging es doch um längst überfällige Veränderungen. Die Reformation begann. Sie leitete eine geistige Erneuerung sondergleichen, eine geistige Revolution im Heiligen Römischen Reich ein.

Kurfürst Joachim war ebenfalls nicht blind gegenüber den Problemen, die zwischen Kirche und Fürstenherrschaft um die Macht bestanden.

Der Brandenburger Kurfürst verbot die Verbreitung der Bibelübersetzung Luthers und ließ das kaiserliche Edikt aus dem Jahre 1521 wiederholt in der Mark bekannt machen, wonach »Luthers Lehre verdammt wurde, und jeder ohne alle Gnade gestraft werden sollte, und niemand geschont, der sich dem kaiserlichen Mandate widersetzen würde.«

Mit dem Ringen um die religiöse Position begann in der kurfürstlichen Familie die schwierig gewordene Ehe zu zerbrechen. Inzwischen lebten die Ehepartner 25 Jahre zusammen, die Töchter waren verheiratet, die Söhne erzogen und der Thronfolger Joachim II. Hektor mit Magdalene von Sachsen pflichtverehelicht, wie üblich.

Elisabeth vertrat gegenüber ihrem Ehemann eine eindeutige Haltung: Sie neigte der Reformation Luthers zu und hielt es für eine heilige Pflicht offen zu bekennen, was ihr neues Glaubensanliegen war: Nur die Heilige Schrift in der Luther'schen Übersetzung sollte die Grundlage ihres Glaubenslebens sein.

Ostern 1527 verreiste der Kurfürst. Die Kurfürstin ließ sich in der Kapelle des Stadtschlosses durch einen Wittenberger Prediger das Abendmahl in beiderlei Gestalt reichen – äußeres Zeichen ihres reformatorischen Willens, ihres Übertritts zu den Protestanten.

Als Joachim I. von dieser ungeheuerlichen Eigenwilligkeit erfuhr, »drang der Kurfürst in die Zimmer seiner Gemahlin und überhäufte sie mit Scheltworten, wurde aber von der Hitze so übermannt, dass man ihn ohnmächtig auf sein Lager tragen musste«.

Er verlangte die Rückkehr Elisabeths zur katholischen Glaubenslehre und setzte ihr eine Jahresfrist bis Ostern 1528, denn er könne solches vor Gott, seiner kaiserlichen Majestät und der lieben Landschaft nicht verantworten.

Schließlich hatte er verbreiten lassen, dass Brandenburg treu und fest zum katholischen Glauben halten werde. Und nun hinterging ihn die eigene Ehefrau.

Er berief einen »geistlichen Rat« aus ihm genehmen Beratern, die entscheiden sollten, ob er die Kurfürstin »vom Leben zum Tode bringen« oder sich »öffentlich von ihr scheiden« solle. Die Berater empfahlen ihm das Letztere.

Während des nun folgenden Jahres wechselten Briefe zwischen Elisabeth und dem lutherisch gesonnenen Kurfürsten von Sachsen, der ihr anbot, sie »aus christlicher Pflicht und als Vetter« aufzunehmen.

Kurz vor dem Entscheidungstermin Ostern 1528 verreiste der Kurfürst erneut und die Kurfürstin Elisabeth von Brandenburg nutzte die Gelegenheit, um zu entfliehen. Eine Ungeheuerlichkeit, nie dagewesen und in der Geschichte der europäischen Fürstenhöfe einmalig.

»Bei der Kunde von der Flucht der Kurfürstin ging Furcht und Schrecken durch die Mark, und selbst Luther war erregt, was die Zukunft bringen würde.«

Einige Quellen schildern, dass die Kurfürstin auf ihrer Reise zu ihrem Verwandten nach Sachsen während ihres Aufenthaltes in Wittenberg schwer erkrankte, so dass sie von Katharina von Bora, der Lutherin, im Schwarzen Kloster längere Zeit gepflegt werden musste, bevor sie weiterfahren konnte. Eine solche Entscheidung – den Gatten zu verlassen – verlangte von einer im alten Glauben erzogenen Fürstin wie Elisabeth eine solch psychische wie physische Kraftaufwendung, dass eine Krankheit durchaus glaubhaft erscheint.

Wie dem auch sei, der Skandal war nicht aufzuhalten. Die Höfe im Heiligen Römischen Reich Deutscher Nation hatten einen Präzedenzfall, viel beklatscht und zerredet. Vielleicht kam manche Fürstin auch ganz im

Stillen zum Nachdenken über Gehorsamsverweigerung und weibliche Macht.

Der Kurfürst forderte die sofortige Rückkehr und den Gehorsam, den ihm Elisabeth vor dem Altar geschworen habe. Er nannte das Ganze eine »freventliche, gewalttätige, mutwillige Sache, die von der lutherischen Ketzerei ausgegangen« sei.

Doch alle Drohungen blieben erfolglos, die Kurfürstin wollte nur zurückkehren, wenn ihr die freie Ausübung der protestantischen Konfession nach Luther gestattet würde. Allein zu schwach, klagte Kurfürst Joachim I. bei Kaiser Karl V. zu Augsburg im Jahre 1530 auf Auslieferung Elisabeths, die dieser zwar anbefahl, die jedoch nicht ausgeführt wurde.

Auf dem Reichstag zu Augsburg kam es zwischen dem Kurfürsten von Brandenburg und dem Bischof von Augsburg zu harten Auseinandersetzungen. Der Bischof hatte geäußert, dass Luthers Lehre nicht den Glauben, sondern nur die Missbräuche der Kirche angriffe. Dagegen warf Joachim den Protestanten vor, die Bauernkriege veranlasst, Fürsten geschmäht und Äbte wie Mönche aus den Klöstern getrieben zu haben. Da Joachim heftig tobte, wie es seine Art war, verabredeten bereits hier die protestantischen Fürsten einen Bund, der als »Schmalkaldischer Bund« in den Geschichtsbüchern nachlesbar ist.

Diese konsequente Glaubensüberzeugung veranlasste viele Adlige in der Mark Brandenburg protestantische Prediger einzuladen, um mit der lutherischen Lehre bekannt zu werden. So breitete sich – noch versteckt – der Protestantismus in der Mark immer weiter aus.

Elisabeth von Dänemark soll nach verschiedenen

Quellen die Erlaubnis ihres Ehemannes erhalten haben, mit ihren Kindern Umgang zu pflegen. So ist ein Brief Elisabeths an ihren Sohn Joachim II. Hektor aus dem Jahre 1534 aus dem herzoglichen Schloss in Wittenberg erhalten. Sie rühmte, mit welcher Zuvorkommenheit sie dort behandelt werde, und bat: »... mit dem höchsten Fleiße, ihren Boten in Ansehung ihrer äußeren Lage Glauben zu schenken und sie jetzt in ihrer äußersten Not nicht zu lassen, da sie zu ihrer Erhaltung und Notdurft keinen Rat wisse. Sie habe nun schon länger als ein Jahr geborgt und ihre Gläubiger über ein Jahr hingehalten, nun wolle ihr kein Mensch mehr borgen ...«

Der Kurfürst versagte seiner Gemahlin jegliche Unterstützung, behielt ihr Vermögen zu seiner Verfügung und das alles mit Recht, denn »mündig war der Mann, unmündig das Weib« und noch dazu ein Weib, dass seinen Mann »ohne Not« verlassen hatte.

Sieben Jahre lebte Elisabeth getrennt von ihrem Gemahl, als dieser 1535 zu Stendal verstarb.

In seinem Testament hatte er interessanterweise angeordnet, im Tode neben seiner Gemahlin ruhen zu wollen, und diese gebeten, »nach dem letzten Willen und bittlichen Begehren ihres geliebten Herrn und Gemahls, neben ihm ohne einiges Gepränge zur Ruhe bestätigt zu werden.«

Im Testament erhielten die Söhne ein geteiltes Brandenburg. Joachim II. Hektor bekam die Kurwürde mit dem größten Teil der Mark und der Sohn Johann die Neumark jenseits der Oder. Und nun geschah das Unerwartete:

Am 1. November 1535 trat Joachim II. Hektor zum Luthertum über; zwei Tage nach der Grablegung seines

Vaters in der Fürstengruft des Stadtschlosses zu Berlin-Cölln nahm er das Abendmahl in beiderlei Gestalt zu sich und somit war seine Bekehrung öffentlich.

Die Söhne wollten die Mutter umgehend in die Mark Brandenburg zurückholen. So beglückend die Liebe »ihrer herzallerliebsten Söhne« für Elisabeth gewesen sein mag, so wollte sie doch beglaubigt haben, dass sie freie Ausübung der protestantischen Lehre für sich und ihre Dienerschaft erwarten könne. Diese Haltung einer Fürstin, die inzwischen durch all die Belastungen mehr krank als gesund gewesen zu sein schien, ist bemerkenswert. Sie mag sich aber auch ihrer Verantwortung gegenüber all den Neugläubigen bewusst gewesen sein, denen sie als Vorbild galt.

Der Skandal war im Reich noch nicht vergessen und spielte bei der Klärung aktueller Machtfragen weiter eine Rolle. Kaiser Ferdinand II. gebot dem neuen Kurfürsten, die Mutter nur unter der Bedingung völliger Rückkehr zur katholischen Kirche aufzunehmen. Und Joachim II. hatte Rücksichten auf seinen katholischen Schwiegervater, den König von Polen, zu nehmen. So zog sich die Rückkehr Elisabeths hin, allerdings finanzierten die Söhne sie nunmehr auf das Großzügigste.

Nach der offiziellen Einführung der Reformation in Kurbrandenburg »wider Kaiser und Papst« kam es zu einer sehr vorsichtigen Einführung des neuen Glaubens.

Der Mutter sandten die Söhne nun endlich »eine Sänfte mit zweien guten, dazu tauglichen Pferden bespannt ...« – die Kurfürstin Elisabeth kehrte zurück und wurde mit »allen Ehren« zu ihrem Witwensitz Spandau geleitet.

»Von ihren Landeskindern ihrer Herzensgüte und Sanftmut wegen verehrt und bewundert, in ihrer Standhaftigkeit ein Beispiel den Ihrigen, so lebte die körperlich schwache und müde Kurfürstin ein reges Geistesleben, das erst mit ihrer letzten Stunde abschließen sollte.«

Allerdings gab es auch andere Darstellungen, so die folgende aus katholischer Sicht: »Für die höchst unliebenswürdige Kurfürstin Elisabeth, die starre Bekennerin, welche, als sie ihren Eheherrn verließ, ihre Pflicht als Mutter und Gattin mit Füßen trat, ... die Dänin passte überhaupt nicht ins Land und es ist uns kein Zeichen des Mitgefühls ihres Volkes für das Schicksal dieser rechthaberischen, grämlichen Dame erhalten.«

Elisabeth von Brandenburg verstarb im Alter von 70 Jahren. Ihr Sohn Joachim II. Hektor, Kurfürst von Brandenburg, schrieb an seinen Bruder Johann, dass »die liebe, gnädige, freundliche Mutter nach dem Willen des Allmächtigen mit einem feinen, reinen, christlichen Bekenntnis und in sanfter Ruhe seliglich von dieser Welt abgeschieden sei.«

Mit Elisabeth von Dänemark hatte die Reformation in der Kurmark Brandenburg begonnen – eine Frau hatte einen entscheidenden Beitrag geleistet, getreu ihrem Motto: »Es solle geprüfet werden, was von Nutzen für Land und Leute sei.«

Luise Henriette von Oranien und ihr Schloss Oranienburg

Mit der Reformation kam es zu immer heftigeren Auseinandersetzungen zwischen dem katholischen Kaiser des Heiligen Römischen Reiches und seinen Anhängern und den neugläubigen protestantischen Fürsten. Sie mündeten in den furchtbarsten Glaubenskrieg unserer europäischen Geschichte, den Dreißigjährigen Krieg. Er dauerte zwei Generationen, von 1618 bis 1648, und hinterließ Hunger und Not, Pest und andere Seuchen, Verwüstung und Sittenlosigkeit.

Der Chronist schrieb, die Mark Brandenburg habe in diesen Zeiten am meisten gelitten. Das Durchwanderland zwischen Elbe und Oder in Richtung Osten war blutiger Schauplatz vieler Kämpfe gewesen. Nun war die Mark entvölkert und trostlos anzusehen, ca. 4.000 Herdstellen waren im Lande zu zählen, und in der Doppel-Residenz der Hohenzollern, Berlin und Cölln, lebten noch 200 Bürgerfamilien. Ein verwahrlostes Erbe, dass der 20-jährige Friedrich Wilhelm von Brandenburg 1640 antrat.

Außerdem waren die zerrissenen Territorien Brandenburgs und Preußens, Kleve, Mark und Ravensberg, nicht nur geografisch entfernt, sondern auch Mentalitäten und Rechtsvorschriften waren verschieden. Vom neuen Kurfürsten, der dieses Konglomerat zusammenhalten sollte, wurde viel erwartet.

Er wird uns geschildert als schöner, gutgewachsener, wohlausgebildeter, in der protestantisch-reformierten, also calvinistischen Religion erzogener junger Mann – was ihm wohl alles nicht geholfen hätte, sein heruntergekommenes Land wieder aufzubauen.

Sein Vater Georg Wilhelm war nur 45 Jahre alt geworden, ein schwacher Regent in einer schweren Zeit. Die Mutter jedoch, Elisabeth Charlotte von der Pfalz, war eine kluge, vielseitig begabte Fürstin, die ihren Sohn in Staatsgeschäften selbst anleitete und auf deren Rat Friedrich Wilhelm ein Leben lang Wert legen sollte. Auf ihr Anraten hin war der Knabe während der Kriegszeiten zu seiner Sicherheit ins Ausland gegeben worden, und da seine Großmutter mütterlicherseits eine geborene Prinzessin von Oranien war, kam er zu den Verwandten im Haag. Was war hier für ein üppiges, reiches Leben, was für ein Gegensatz zur dramatischen Armut in der Mark Brandenburg. Der heranwachsende Friedrich Wilhelm studierte vier Jahre an der neuen Fürstenuniversität Leiden, aber stärker wurde er wohl von der Beobachtung des Lebens in den Niederlanden, dem Gewinnerland des Dreißigjährigen Krieges, beeindruckt.

Im Haus seines Großoheims, des Statthalters der Niederlande, Friedrich Heinrich von Oranien, wurde ein bürgerlich-einfaches Familienleben gepflegt, obwohl die Einkünfte des Hauses Oranien fürstlich waren. Der Handel mit den Kolonien brachte nicht nur Zitrusfrüchte und seltene Pflanzen wie die Kartoffel ins Land, sondern vor allem kostbare Hölzer und Luxusgüter aller Art. Die Wohlhabenheit des Adels wie des Bürgertums beruhte auf einer ausgewogenen Geld- und Warenhandelspolitik und gestattete die Entwicklung einer kulturellen Vielfalt, die man in den europäischen Museen bis heute u. a. in der niederländischen Malerei des 17. Jahrhunderts bewundern kann.

Vieles war dem jungen Kurprinzen Friedrich Wilhelm völlig unbekannt, von dergleichen träumte man in der Mark nicht einmal.

Die fünf Oranierprinzessinnen wie die zwei Prinzen des Hauses Oranien arbeiteten in Haus und Garten, wurden zu einem einfachen Leben angeleitet, das in der protestantisch-reformierten Religion nach Calvin seinen Ursprung hatte. Die Auserwähltheit vor Gott suchte man in der Arbeit zu finden. Gott hilft dem Tüchtigen, dieser Wahlspruch hatte den Aufstieg der Familie Oranien begleitet.

Der 26-jährige Kurfürst wollte die Verbindungen nicht abreißen lassen und so hielt er um die Hand der ältesten Oranierprinzessin Luise Henriette an.

Er sandte seinen Vertrauten, den Oberst von Burgsdorff, nach dem Haag und bat um die Meinung des Prinzen von Oranien, seiner Gemahlin und der jungen Prinzessin. Ungewöhnlich, die Meinung der Prinzessin wissen zu wollen, war doch die Ansicht der Braut bei dergleichen dynastischen Eheanbahnungen üblicherweise nicht gefragt. Luise Henriette war im Übrigen nicht entzückt. Sie war eine praktisch denkende, religiös tief empfindsame sowie zur Melancholie neigende, gut ausgebildete wie denkfähige junge Frau, die sich nur ungern zu einer Verwandtenehe entschloss. Auch wusste sie wie jedermann, dass der junge Kurfürst von Brandenburg seit vielen Jahren um Christine von Schweden geworben hatte. Diese Werbung scheiterte an Christines Ablehnung wie auch am unterschiedlichen protestantischen Bekenntnis. Christine von Schweden war orthodoxe Lutheranerin und nicht geneigt, einem reformierten Fürsten zu folgen.

Was bewog den Statthalter der Niederlande, seine älteste Tochter Luise Henriette nach Brandenburg sowie die nächstgeborene Henriette Catharina nach Sachsen-Anhalt zu verheiraten? Beide Länder waren kriegszerstört, die dynastischen Häuser wenig bedeutend.

Es ging dem Oranier jedoch um weitsichtigere Pläne: Die neugläubige reformierte Religion sollte im Osten gestärkt und die in den Niederlanden so erfolgreich durchgeführte Geld- und Warenhandelspolitik nach oranischem Muster ausgeweitet werden.

So musste sich Luise Henriette letztlich dem politischen Ziel ihres Vaters unterordnen.

Die Hochzeit fand am 7. Dezember 1646, dem 19. Geburtstag der Braut, in aller Stille – der traurigen Kriegszeit wegen – im Haag statt. Gespart wurde keineswegs!

Der Vater gab Luise Henriette, außer der übrigen kostbaren Aussteuer, wie sie »einer geborenen Prinzessin von Oranien und zukünftigen Kurfürstin von Brandenburg eignet und gebühret«, 6 Paar Betttücher, 12 Kissenüberzüge, 24 Nachthemden, 36 Servietten, Silbergeschirr samt 2 Nachttöpfen im Werte von 60.000 Gulden, goldene Kompottschüsseln, goldene Kästchen für die Zahnstocher, Knöpfe und Spiegel, mit Diamanten besetzt, diamantene Ringe und Ohrgehänge, Schnallen, Perlenketten und Armbänder und anderes mehr – 120.000 Taler Mitgift, eine für Brandenburg unerhörte Summe.

Dafür versprach Friedrich Wilhelm seiner Braut eine Anweisung auf 1.000 Taler jährliche Rente, zur Bestreitung ihrer Kleidung 2.000 Taler, 1.000 Taler Spielgeld und einen täglichen Handpfennig. Für solche Versprechungen musste der junge Fürst seine Mutter um einen Vorschuss bitten.

Zur Hochzeit war der junge Bräutigam in weißen Atlas gekleidet, »der mit goldenen Borten besetzt und mit so viel Diamanten übersäet war, dass man kaum die Farbe des Stoffes erkennen konnte.« Auch Luise Henriette, die reiche oranische Erbtochter, erschien prächtig in einem Kleid aus Goldbrokat, dessen neun Ellen lange Schleppe von neun Grafen getragen wurde, das Haupt geschmückt mit einer Krone von Diamanten und Perlen.

Während der junge Ehemann sich nach Kleve begab, blieb seine junge Frau bei ihrem Vater, um diesen bis zum Tode zu pflegen. Er starb im März 1647, wenige Tage später zogen Friedrich Wilhelm und seine Frau in Kleve ein. Die Überlegungen, nach Berlin-Cölln zu gehen und dort die Residenz wiederaufzubauen, zogen sich bis 1650 hin – inzwischen war der Friede von Münster und Osnabrück über ein verheertes Europa ausgesprochen worden.

Die Entscheidung fiel für Berlin-Cölln, von beiden Partnern aus praktischen Erwägungen gemeinsam entschieden. Erstens hatte man in Brandenburg, zerstört wie das Land war, keine Feinde zu fürchten; zweitens gab es keinerlei Neid und Missgunst in der Familie über ein Kurfürstentum, dessen ärmliche Sandhügel allgemein belächelt wurden, und drittens träumte das Paar davon, einen Garten Eden auf dem Sande zu errichten.

Es war inzwischen ein kleines Wunder geschehen: Luise Henriette und Friedrich Wilhelm hatten zueinander gefunden, eine liebevolle langjährige Ehe wurde ihnen von allen Seiten bescheinigt. In diesen 21 Jahren waren die Ehepartner nicht nur in politischen wie in persönlichen Fragen immer wieder in der Lage, sich einigen zu können – was zu erstaunlichen Auswirkungen beim Aufbau des Landes führte –, sondern es kam auch zu 17 Geburten, darunter allerdings nur sechs Lebendgeburten, von denen nur drei Söhne am Leben blieben. Die Kindersterblichkeit war an den Höfen ebenso groß wie in den Hütten, denn die Ernährungsgewohnheiten wie -möglichkeiten waren überall gleich ungesund und schlecht.

Luise Henriette beherrschte die deutsche Sprache niemals vollständig, denn die Hofsprache war französisch. Der Blick dieser Fürsten- wie Fürstinnengeneration nach dem Dreißigjährigen Krieg ging nicht mehr nach Wien zum Kaiserhof und auch nicht nach Rom, sondern nach Paris, der Stadt mit einer neuen prachtvollen Kulturentfaltung – die Zeit des üppigen Barock war gekommen.

Luise Henriette wird uns von vielen Zeitzeugen als ungewöhnlich sanft und anpassungsfähig, dabei aber willensstark und von praktischer Intelligenz beschrieben. Wie sehr der Kurfürst auf das Urteil seiner klugen Frau vertraute, zeigt sich in den Quellen. Nicht nur, dass er bei dem durch die Fehlgeburten häufig kränklichen Zustand seiner Frau manche Verhandlung verließ, um zu ihr zu reisen – oft bat er seine Räte um Aufschub, da er seine Frau um Rat fragen wolle. Dass dies nicht immer ohne Probleme abging, zeigt eine anekdotische Überlieferung, wonach Friedrich Wilhelm seiner Frau den Kurfürstenhut vor die Füße geworfen haben soll mit dem Aufschrei: »Regieren Sie doch selbst, Madame!«

Das reiche oranische Erbe wurde klug genutzt: Luise Henriette baute sich ihr Schloss Oranienburg, mehr Experimentierfeld als Lustschloss. Vor allem die Verbesserung des sandigen Bodens war ihr ein Bedürfnis. Ihr gelang es allerdings nicht, die Kartoffel, die im Lustgarten zu Cölln gepflanzt wurde, heimisch zu machen. Es dauerte noch fast hundert Jahre, ehe mit dem Kartoffelanbau der größte Hunger im Lande beseitigt wurde.

Die 6.000 Niederländer, die Luise Henriette auf dem Friedrichswerder außerhalb Cöllns ansiedelte, waren nach ausgesuchten Berufsgruppen geworben worden. Grachtenbauer kanalisierten die Spree und schufen so trockenes Bauland. Baumeister und Festungsbauer errichteten eine neue Residenzstadt Berlin-Cölln. Die Scheunen kamen vor die Tore in die Spandauer Vorstadt, die Abflussrinnen wurden neu gezogen – holländische Sauberkeit sollte einziehen. Gärtner wurden bevorzugt aufgenommen. Luise Henriette führte eine spezielle Armenfürsorge ein und errichtete in Oranienburg nach holländischem Vorbild ein Mädchenwaisenhaus. Die Mädchen wurden zur praktischen Arbeit in den bürgerlichen Haushalten bestens ausgebildet und dorthin vermittelt.

Luise Henriette nahm alle Anstrengung auf sich, um aus dem jammervollen Land ein nach den Vorstellungen ihrer Heimat geprägtes florierendes Staatsgebilde zu formen. Für uns Heutige eine bewundernswerte Arbeitsleistung, die sie andererseits vollständig erschöpfte.

Als sie mit 39 Jahren verstarb, erinnerte sich ein Zeitgenosse: »Ihre Schönheit bedurfte keiner Nachhilfe. Sie war von Natur weiß und zart und blond von Haaren. Sie hatte ein sehr schönes Gesicht, – ein erhabenes, liebes, herzgewinnendes Auge, ein zierliches und volles Ebenmaß der Glieder.« Im einfachen, schwarzen Kleid, geschmückt mit den Juwelen ihrer Aussteuer, auf dem Kopf ein goldgesticktes Häubchen nach Mode der Holländerinnen, so hatte sie Hof gehalten, so blieb ihr Bild in der Erinnerung erhalten.

Auch ihre Sparsamkeit der Haushaltung blieb Vorbild für manche Adels- wie Bürgerfamilie. Der Oberst von Burgsdorff, der Werber von einst, erzählte, er habe einmal bei der Tafel zum Kurfürsten geklagt: »Bei Ihrem Herrn Vater ging es lustiger zu. Da hat man noch tapfer herumgetrunken, da war dann und wann ein Dorf, ein Schloss mit Trinken zu gewinnen.« Die Kurfürstin habe daraufhin entsetzt ausgerufen: »Man hat schön gewirtschaftet, soviel Schlösser und Güter für das liederliche Saufen zu verschwenden.«

Nach ihrem Tod blieben dem tief trauernden Witwer die drei Söhne, Karl Emil, Friedrich und Ludwig, die Erbprinzen, auf denen nun alle Hoffnung ruhte. Obwohl der verwitwete Kurfürst seine Luise vermisste und oft ausgerufen haben soll: »Wie fehlt mir dein Rat, Luise!«, heiratete er umgehend erneut. Er wartete nicht einmal das Trauerjahr ab, was ihm seine Glaubensgenossen verübelten, sondern schrieb an seine Schwester in Braunschweig: »Allein kann ich nicht bleiben, denn eine Frau brauche ich, und das unsaubere Mätressenwesen lehne ich ab.«

Dorothea von Lüneburg
und die Dorotheenstadt

Nach dem Tode der vielbetrauerten, vom Volk geliebten Luise Henriette von Oranien warb Friedrich Wilhelm, Kurfürst von Brandenburg, ohne Verzögerung um eine ihm seit Jahren bekannte kinderlose Witwe, die 16 Jahre jüngere, zu dieser Zeit bereits 32 Jahre alte Sophie Dorothea, Herzogin von Braunschweig-Lüneburg aus dem Hause Holstein-Sonderburg-Glücksburg. Mit ihrem verstorbenen Gemahl, dem Herzog von Lüneburg, war er seit seinen Leidener Studientagen befreundet gewesen und hatte daher daher dessen Frau seit langem gekannt.

Die zweite Eheschließung wurde ohne jeden Prunk in aller Stille auf Schloss Gröningen bei Aschersleben am 14. Juni 1668 vollzogen. Eine bemerkenswerte Mitgift brachte die zweite Frau nicht ein. Außerdem musste die neue Kurfürstin vor Eheschließung die Konfession wechseln, sie trat vom lutherischen zum reformierten Bekenntnis über – was ihr von Anbeginn an das Misstrauen des Volkes zuzog, waren doch die Gegensätzlichkeiten innerhalb der Protestanten ständig Anlass zu Streitigkeiten. Religion war nach wie vor männliche Machtpolitik.

Sollte Dorothea dem Kurfürsten von Brandenburg als Gegenbild zu seiner sanften klugen Luise aufgefallen

DOROTHEA
MAGNI FRIDERICI WILH.
CONIUNX FIDELISSIMA.

sein? Denn die Herzogin von Lüneburg war eine ungewöhnlich aparte Erscheinung. Groß, kräftig, derb von Körperbau und Gesicht, trug sie männliche Züge. Sie lachte gern und laut, liebte die Jagd und den Umtrunk, interessierte sich für Ökonomie und Kriegswesen. Sie trug Hosen aus Hirschleder, eine Kleidung, die im ausgehenden 17. Jahrhundert an den Höfen des Reiches für spezielle Aufregung sorgte. Ja, man erzählte, sie reite im Herrensitz – was nicht nur unmoralisch im höchsten Maße war, sondern auch Besorgnis wegen der Gebärfähigkeit erregte.

Dies war jedoch völlig unbegründet. Die für ihre Zeit als alt geltende zweite Gemahlin Friedrich Wilhelms von Brandenburg gebar in sieben Jahren sieben kerngesunde Kinder, von denen immerhin sechs am Leben blieben, darunter vier Knaben. Anlässlich der Geburt ihres zweiten Kindes, einer Tochter, wurden Denkmünzen geprägt, auf denen sie »göttliche Dorothea von Holstein, große, brandenburgische Mutter, fromme, glückliche« genannt wurde, was wohl der »Hoffierung« entsprach.

Was für ein Kontrast zur oranischen Prinzessin Luise! Doch wurde auch diese zweite Ehe des Kurfürsten von Brandenburg überaus glücklich. Dorothea teilte alle Interessen ihres Mannes, unterstützte ihn mit Rat und Tat und soll sich niemals von ihm getrennt haben, sondern trotz Schwangerschaften und häuslichen Aufgaben stets mit ihm gereist sein. Selbst die Kriegszüge unternahm sie an seiner Seite. Das spricht deutlich für ihre Einflussnahme auf ihn.

Sie war auch an der Seite Friedrich Wilhelms, als dieser 1675 bei Fehrbellin das bestausgerüstete Heer der

Schweden ganz überraschend schlug, was ihm den Beinamen »Großer Kurfürst« einbrachte.

So glücklich der Große Kurfürst mit seiner zweiten Gemahlin war, so verhasst war sie beim Hof, Adel, Bürgertum und Volk. Ihr ökonomisches Geschick war für damaliges Verständnis unweiblich, ihre Interessen für Politik und Handel galten als widernatürlich.

Dorothea hatte ein ungewöhnliches Händchen für alles, was ihr wichtig schien: Bereits zur Eheschließung hatte sie ihrem Gemahl Winterlinden und Nussbäume aus Holstein mitgebracht. Sie selbst pflanzte den ersten Baum auf dem alten Reitweg vom Stadtschloss der Hohenzollern auf der Cöllner Seite hin zum damals noch wilden Tiergarten. Es entstand die prachtvolle Promenade Unter den Linden. Das Land rechts der Linden bis zur Spree schenkte nun seinerseits der Kurfürst seiner zweiten Gemahlin. Noch heute heißt dieser Stadtbereich Dorotheenstadt. Die Grundstücke verkaufte sie zu teuersten Konditionen in der wachsenden Stadt.

Vor dem Spandauer Tor befand sich die Spandauer Vorstadt. Hier waren die aus Wien zugewanderten wohlhabenden Juden angesiedelt und wegen der Brandgefahr auch die Scheunen vor die Stadt gegeben worden. In der Vorstadt am Fluss richtete Dorothea eine Meierei ein. Diese belieferte den Hof mit Milch und Milchprodukten, Fleisch und Früchten. Das Geld ging in Dorotheas Schatulle.

Der französische Gesandte am Hohenzollernhof bat in einem Schreiben nach Paris, ihm mehr Geld zu senden, denn »ohne Vermittlung der Frau Kurfürstin ist es hier bei Hofe nichts«. Jede Gefälligkeit hatte bei ihr einen Preis, und wer wagte es schon, die Frau Kurfürstin zu verärgern, war ihr Einfluss auf den Fürsten doch inzwischen weit und breit bekannt. So wundert es nicht, dass derselbe Gesandte maliziös schrieb: »An den Tabakskollegien nimmt die Kurfürstin teil. Das Rauchen und Saufen hat sie ja bei ihrem ersten Gemahl, dem Herzog von Lüneburg, gelernet, der, wie bekannt, am Suffe eingegangen.«

Seiner zweiten Gemahlin übertrug der Fürst, ihrem Wunsch gemäß, reiche Bodenschenkungen, denn sie dachte natürlich an ihre Söhne. Diese hatten in der Erbteilung nichts zu erwarten und wollten versorgt werden. Das Havelland rund um die Zweitresidenz Potsdam wurde Dorothea überschrieben, das Jagdschloss Caputh samt Park zeugt heute von der barocken Prachtentfaltung unter der zweiten Kurfürstin.

Ihr Land verwaltete sie selbst und zwar so geschickt, dass sie mit dem Gewinn das Oderland in weiten Teilen kaufen konnte. Vor Bodenspekulationen schreckte sie keinesfalls zurück – männliches Recht für eine männlich geprägte Fürstin. Sie galt als reichste Fürstin unter den keineswegs armen Fürstinnen des Heiligen Römischen Reiches Deutscher Nation, was Neider auf den Plan rief.

Ihr wurde alle Intrige zugetraut. Als sowohl Kurprinz Karl Emil als auch Prinz Ludwig, die Söhne des Kurfürsten aus der ersten Ehe, sehr plötzlich verstarben, setzte sich ein hartnäckiges Gerücht in Umlauf: Dorothea habe die Prinzen vergiftet, um ihrem ältesten Sohn Philipp den Thron zu sichern. Belegt ist dergleichen bis heute nicht. Der Große Kurfürst stellte sich vor seine Gemahlin und niemand, dem seine Stellung bei Hofe wichtig war, wagte es, offen seine Meinung zu sagen.

Übrig blieb der zweite Sohn aus erster Ehe, Friedrich genannt. Er war das Sorgenkind seiner Mutter gewesen, ein kränklicher Knabe, das Rückgrat verkrümmt, die Zähne auf Grund der üblichen Fehlernährung ausgefallen. Mit seinem Überleben war nicht gerechnet worden – aber ausgerechnet dieser Kümmerling war nun Kurprinz. Als seine Frau, die junge Prinzessin von Hessen-Kassel, ebenfalls sehr plötzlich verstarb, wurde ihr Tod wiederum Dorothea, der Stiefschwiegermutter, zugeschoben. Der Kurprinz nahm ein Gegengift und behauptete, dieses habe ihm das Leben gerettet, denn Dorothea habe auch ihn treffen wollen.

Was für ein wunderbarer Skandal für den Hofklatsch im Reich!

Dieser Klatsch überschattete die beachtenswerten Seiten Dorotheas, denn nicht nur die Erschließung ihrer Ländereien, sondern vor allem die politische Beratung des Kurfürsten bleibt bedenkenswert. Die in diesen Jahren einsetzende »Peuplierung«, die Zuwanderpolitik für Glaubensverfolgte aus Böhmen, dem Salzburger Land und vor allem aus dem katholischen Frankreich Ludwigs XIV., woher 24.000 Franzosen in mehreren Wanderzügen in Brandenburg eintrafen, war gewiss auch Dorothea zu verdanken. Die Toleranzpolitik, vor allem aus der Not geboren und somit ökonomische Notwendigkeit, war einmalig im Reich. Hier im Kurfürstentum Brandenburg konnte man alles oder sogar nichts glauben, sich gegenseitig des Fehlglaubens bezichtigen und sich das Leben erschweren – aber alle Glaubensvertreter waren dennoch am Erfolg des wirtschaftlichen wie kulturellen Aufbaus des Kurfürstentums existenziell interessiert.

Der Erhalt der Dynastie blieb vordringlich, daher wurde der Kurprinz Friedrich schnellstmöglich wiederverheiratet. Die Wahl fiel auf die 15-jährige Sophie Charlotte von Braunschweig-Lüneburg.

Friedrich Wilhelm von Brandenburg, genannt der Große Kurfürst, verstarb nach 48-jähriger Regentschaft im Alter von 68 Jahren. Als Letzter soll der Kurprinz das Ohr zum Mund des sterbenden Vaters gebeugt und verbreitet haben: »Das letzte Wort des sterbenden Vaters war: ›Alles ist dein!‹«

Es lebe der neue Kurfürst, Friedrich III. von Brandenburg! Niemand wagte nach dem Testament zu fragen, obwohl allgemein bekannt war, dass Dorothea unermüdlich darauf gedrungen hatte, ihre Söhne am Erbe zu beteiligen. Nun war der kränkliche Friedrich der neue Regent und ihm wie seiner zweiten Gemahlin Sophie Charlotte lag daran, sein Erbland ungeteilt zu erhalten.

Dorothea, die tief gebeugte Witwe, wurde zur Kur nach Karlsbad geschickt. Sie, die immer kräftig und gesund gewesen war, verstarb in Karlsbad, 51-jährig, unter ungeklärten Umständen.

Beigesetzt wurde sie in der Fürstengruft der Hohenzollern unter dem Berliner Dom links von ihrem Gemahl. Auf der anderen Seite stand der Sarkophag seiner ersten Gemahlin, Luise Henriette von Oranien.

Dank des oranischen Erbes wie der Fähigkeiten der ersten Kurfürstin Luise Henriette und dank der ökonomischen wie politischen Anlagen der zweiten Kurfürstin Dorothea war der Wiederaufbau Brandenburgs nach dem Dreißigjährigen Krieg unter dem Großen Kurfürsten Friedrich Wilhelm gelungen.

SERENISS^{ma} PRINCEPS
SOPHIA CHARLOTTA
D·G· MARCHIO ET ELECTRIX BRANDENB.
NATA DUCISSA BRUNSU.

Sophie Charlotte
die erste Königin in Preußen und das Schloss Charlottenburg

Sie war immer wieder Gesprächsthema an den Höfen des Heiligen Römischen Reiches, so ungewöhnlich erschien die intelligente Sophie Charlotte den Zeitgenossen und -genossinnen.

Die Eltern hatten auf die Ausbildung ihrer einzigen Tochter ebensoviel Wert wie auf die ihrer sechs Brüder gelegt. Sie wurde in allen Wissenschaften ihrer Zeit unterwiesen, so dass sie nicht nur fünf Sprachen beherrschte, sondern sich auch mit Mathematik, Philosophie, Physik – worunter vor allem medizinische wie biologische Kenntnisse gemeint waren – und Astronomie beschäftigte. Außerdem spielte sie auf vier Instrumenten und bewies ihre hohe Musikalität durch eigene Kompositionen.

Ihre Eltern, Ernst August und Sophie, residierten erst in Bad Iburg, später in Hannover oder Herrenhausen. Auch am kleinen Hofe zu Herrenhausen wurde das französische Vorbild nachgeahmt. Die französische Sprache war im 17. Jahrhundert die einzig akzeptierte Sprache an den Höfen des Reiches und die französische Mode veränderte die äußere Erscheinung von Frauen und Männern. Die Damen trugen nun rund um die Hüften stark wattierte Röcke. Dieser Wulst, den man

Speck nannte, soll allein fünfundzwanzig Pfund ge-
wogen haben. Die Kleider endeten in langen Schleppen
und waren tief dekolletiert. Die Männer trugen den mo-
dischen Frack und putzten sich mit Spitzen und Jabots.
Die Haare wurden allgemein mit der Brennschere ge-
lockt, Perücken kamen auf – alles war gekünstelt, alles
nahm französische Ausmaße an.

Neben solchen Übertreibungen kam aus Frankreich
aber auch das Interesse an Wissenschaft und Kunst und
mancher Fürst lud nun Gelehrte und Künstler an seinen
Hof.

So war der Bibliothekar Gottfried Wilhelm Leibniz
an der gut sortierten Bibliothek zu Herrenhausen ein
bereits anerkannter Philosoph, Rechtsgelehrter und
Mathematiker.

Er erkannte die Begabungen der jungen Sophie Charlotte sehr zeitig, unterrichtete sie in allen Disziplinen und
äußerte sich anerkennend über ihre Lernfortschritte.
Ihr Ruf als weibliches Wunderkind drang bis nach Paris
an den Hof Ludwigs XIV.

Mit dem Gedanken, die begabte und dem Schönheits-
ideal entsprechende Prinzessin mit einem französischen
Prinzen verheiraten zu können, gab der Vater sie für ein
Jahr an den französischen Hof.

Was für ein Unterschied zum heimischen zwang-
losen Leben. Der barocke Hof des Sonnenkönigs bot
ein Leben wie auf einer Theaterbühne, die strengsten
Etiketteregeln bestimmten den Alltag, und obwohl anfangs Ludwig XIV. amüsiert die Unterhaltung mit der
geistreichen jungen Sophie Charlotte pflegte, empfand
er die Anstrengung einer solchen Unterhaltung bald als
ermüdend und unweiblich.

Aber es ging auch nicht um die Hoffierung einer schönen Prinzessin, sondern um dynastische Ziele. Sophie Charlotte war schließlich Welfin und eine Rangerhöhung unerlässlich. Als sich abzeichnete, dass in Paris nicht auf die erhoffte Eheschließung zu rechnen war, sahen sich die Eltern anderweitig um. Das Haus Hannover erstrebte die Kurwürde und es erschien günstig, sich mit dem Kurfürstentum Brandenburg zu arrangieren. Der Große Kurfürst Friedrich Wilhelm von Brandenburg wiederum sah in der Verbindung mit dem alten Welfengeschlecht einen bedeutenden Vorteil der Machterweiterung. Die Väter waren es daher, die die zweite Eheschließung des Kurprinzen Friedrich, genannt »der schiefe Fritz«, mit der ungewöhnlich schönen 15-jährigen Sophie Charlotte von Braunschweig-Lüneburg bestimmten.

Die Prinzessin wurde schnell reformiert-calvinistisch konfirmiert, denn bis dahin hatte man diese wichtige religiöse Zeremonie so lange verzögert, bis man wusste, welche Konfession der zukünftige Gatte hatte.

Am 8. Oktober 1684 wurde zu Herrenhausen »das Beylager« zwischen der noch nicht 16-jährigen Prinzessin Sophie Charlotte und dem 27-jährigen Kurprinzen Friedrich in aller barocken Pracht vollzogen. Es gab »jede Art von Lustbarkeit« und die schwarzhaarige, weißhäutige, blauäugige, vollschlanke Braut in ihrem rotdamastenen Brautkleid mit schwerer Schleppe wurde allgemein bewundert. Die Festlichkeiten dauerten mehrere Wochen.

Der Kurprinz war bereits wieder nach Berlin gereist. Die junge Ehefrau folgte im November nach. Schon in Spandau kamen die ausgewählten Bürger dem Zuge entgegen, es gab ein bisher in der Mark noch nie »dagewesenes Entree« in Berlin. Der fürstliche Zug bestand aus sechzig Kutschen, unter denen nicht die der Braut, sondern die der Kurfürstin Dorothea von Lüneburg »mit dem roten Sammethimmel« hervorstach. Auch »namhafte Bediente« aus Hannover und Berlin waren anwesend. Alle erhielten kostbare Geschenke. Die erstaunliche Summe von 9.659 Talern ist verbürgt.

Der barocke Aufwand konnte allerdings die junge Kurprinzessin nicht über die unfreundliche Atmosphäre in der kurfürstlichen Familie hinwegtäuschen. Die überaus resolute Stiefschwiegermutter und ihr Einfluss auf den Großen Kurfürsten bestimmten das Hofleben in Berlin. Nach dem ungeklärten Tod der beiden Brüder des Kurprinzen Friedrich war er der alleinige Erbe. Die sehr junge Kurprinzessin konnte sich in die Berliner Hofgegebenheiten nur schwer einfinden, war sie doch die aufgeschlossene Familiensituation in Herrenhausen gewohnt. Für diese großzügig erzogene und weitreichend gebildete Prinzessin war die in vielem provinzielle wie intrigante Hofgesellschaft Berlins ein Gräuel.

Ihr Gemahl Friedrich pflegte eine bemerkenswerte Liebe zur Pracht. Die barocken Übertreibungen der Repräsentation und Etikette waren ihm die Garantie für Machtdarstellung im Reich. Die Ehepartner gaben sich freundlich, aber eine Annäherung blieb aus.

Erwartet wurde nun vor allem die Geburt eines Thronfolgers, und als die ersten beiden Kinder nicht überlebten, wurde sogar der Große Kurfürst ungehalten und verdächtigte die Schwiegertochter der Untreue. Auch wurde betont, dass eine so männlich gebildete Prinzessin natürlich ihre gottgegebenen weiblichen Pflichten nicht erfüllen könne, denn männliches Wissen zerstöre die Gebärfähigkeit. So schrieb der französische Gesandte nach Paris: »Sie wird so unwürdig behandelt, dass auch die unehrenhafteste aller Frauen es unerträglich fände.«

Inmitten aller Hofintrigen fand jedoch das junge Paar deutlicher zusammen. Sie reisten nach Karlsbad zur Erholung und danach nach Hannover, um sich vom Berliner Hof fernzuhalten. Als nach 48 erfolgreichen Regierungsjahren der Große Kurfürst Friedrich Wilhelm von Brandenburg starb, übernahm Kurprinz Friedrich als Friedrich III. die Kurwürde.

Die 19-jährige Sophie Charlotte, nunmehrige Kurfürstin von Brandenburg, gebar im selben Jahr, im August 1688, einen gesunden kräftigen Thronfolger. Er erhielt den Namen des verstorbenen Großvaters, Friedrich Wilhelm. Die Gerüchte am Hofe wollten jedoch auch jetzt nicht verstummen. So wurde vermutet, der Neugeborene wäre nicht der Sohn Friedrich III., dazu wäre er viel zu kräftig und wohlgebildet, er ähnele dem ersten Hofmann am Hofe der Kurfürstin Sophie Charlotte.

Der kleine Kurprinz, dessen Geburt aufwändig gefeiert wurde, kam zu seiner Großmutter Sophie nach Hannover. Sophie Charlotte vertraute ihn ihrer Mutter an, damit ihr Sohn in Hannover eine welfische Erziehung und bessere Bildung erhalten würde, als ihr das in Berlin durchsetzbar schien. Auch gab es für sie nun einen Anlass, häufig »nachhause« zu reisen. Sophie Charlotte gewöhnte sich nie völlig in Brandenburg ein, in ihrem Wesen blieb sie Hannoveranerin.

Erst nach drei Jahren kam der kleine Friedrich Wilhelm zurück zu den Eltern nach Berlin. Die Großmutter wie auch die Erzieherin waren dem jähzornigen Charakter des Hohenzollernprinzen nicht mehr gewachsen. Von der Philosophie der Frühaufklärung geprägt, bestand die hochintellektuelle Sophie Charlotte darauf, ihren einzigen Sohn »seinen Anlagen gemäß ... in Freiheit« aufwachsen zu lassen. Sie selbst wählte den Erzieher für ihren Sohn und nahm überhaupt einen Einfluss, der unüblich war.

Sophie Charlotte stand der charakterlichen Eigenart ihres Sohnes sorgenvoll gegenüber. In einem Brief an ihre engste Vertraute, die Hofdame Henriette Charlotte von Pöllnitz, schrieb sie über das befremdliche Verhalten des Sohnes: »... der Junge hat Proben einer Härte gegeben, die eigentlich nur einem schlechten Herzen entsprungen sein können ...« Dazu kam ein Geiz, den der Knabe bereits kultivierte. Der Kronprinz hasste den höfischen Aufwand mit Spitzen und Schleifen. Sein Interesse lag im Militärischen. Ein einfaches Leben mit seinen Offizieren und Soldaten war seine Vorstellung von nutzbringender Regentschaft. Ein stehendes Heer aufzubauen sein Traum.

Das Verhältnis zwischen den Ehegatten schien gefestigt, ein Gewährenlassen stand an der Stelle des Gefühls. Friedrich III. schenkte seiner Gemahlin die Spandauer Vorstadt und die Dorotheenstadt mit allen Einkünften. Im Dorfe Lützen oder Lietzen, einem ihr lieben Ausflugsziel, schenkte er Sophie Charlotte auf deren Wunsch ein Landhaus, Lützelburg genannt. Sie ließ es nach ihrem Geschmack ausbauen und einrichten. Hierhin konnte sie sich vom Berliner Hofleben zurückziehen und nach ihren Vorstellungen einen eigenen Hof führen.

Es kam der Augenblick, auf den die Ehepartner zwölf Jahre gemeinsam, so ist anzunehmen, hingearbeitet hatten: Am 18. Januar 1701 krönte sich der Kurfürst Friedrich III. von Brandenburg in seinem Erbland Preußen zum ersten König in Preußen, Kurfürst von Brandenburg, Markgraf von Celle und Kleve usw. – das Königreich Preußen war geschaffen worden. Die Krone in kleinerem Format für die erste Königin in Preußen, Sophie-Charlotte von Braunschweig-Lüneburg, wurde ihr von ihrem Gemahl aufs Haupt gesetzt, wobei, wie ein Zeitzeuge beschrieb, »… man eher der Krone zu dieser Königin als der Königin zur Krone Glück zu wünschen geneigt war«. Das Herzogtum Preußen lag außerhalb der Grenzen des Reiches, in dem Kaiser und Papst entschieden. Hier im Osten war nur der russische Zar wichtig und der hatte für das preußische Zepter zwei Rubine als Zeichen des Einverständnisses geschenkt. Zwar war der Hohenzollernbesitz weiterhin zersplittert und schwer regierbar, aber es war geschafft: die Souveränität des Hauses Hohenzollern erreicht.

Was für Friedrich vordem Spielerei war, wurde jetzt Hauptinhalt des Repräsentationsgehabes am königlichen Hof: die Etikette wurde bis ins Detail vom ersten König in Preußen selbst vervollkommnet. Ob das wirklich kleinkariert war, wie die Nachgeborenen oft behaupten, bleibt dahingestellt. Im Zeitalter des Barock war das Leben eine Bühne, und wer sich behaupten wollte, musste sich darstellen – musste mitspielen. Dass bei diesem prachtvollen Aufwand die Kassen geleert wurden und der einzige Erbe, erster stolzer Träger des neugeschaffenen Adlerordens, der 13-jährige Friedrich

Wilhelm, bei seiner sparsamen Lebenssicht den Vater mehr und mehr ablehnte, ist gewiss.

Auch Sophie Charlotte, deren klarer Verstand sie zu eigenen politischen Haltungen befähigte, lehnte diesen rein äußerlichen Pomp ab. Ihre philosophischen Interessen zu pflegen und einen »Gegenalltag« zur leeren Pracht des Berliner Hofes zu leben, war ihr in Lützelburg möglich. Hier konnte sie ihre Vorstellung eines sinnvollen wie auch heiteren Lebens gestalten. Ihr »weiblicher« Hof unterschied sich bald grundlegend von den im Heiligen Römischen Reich bekannten Hofformen. Ihre zielgerichtete Beschäftigung mit Philosophie, den Naturwissenschaften, der Kunst und vor allem der Musik äußerte sich hauptsächlich in einer gepflegten Geselligkeit – einer Form des Musenhofes, wie er aus der italienischen Renaissance bekannt war. Sie lud bekannte Philosophen und Wissenschaftler ein. So schrieb John Toland, ein namhafter irischer Theologe und Philosoph:

»Lützelburg wird in kurzer Zeit ein sehr angenehmer Ort werden; und zwar durch Anordnung und Einrichtung Sophie Charlottens, der allerschönsten Prinzessin ihrer Zeit, und die keinem Menschen an richtigem Verstande, an netten und wohlgesetzten Worten wie auch an Annehmlichkeit der Konversation und Umganges etwas nachgiebet. Sie hat gar überaus viel gelesen, und kann mit allerhand Leuten von allerhand Dingen reden. Man admiriret sowohl ihren scharfen und geschwinden Geist, als ihre gründliche Wissenschaft, so sie in denen schwersten Stücken der Weltweisheit erlanget hat ... Sie siehet gerne, wenn Fremde ihr aufwarten, und von allem, was in ihren Landen merkwürdig ist, Unterricht geben. Ja, sie hat eine so genaue und rechte Erkenntniss von denen Regierungen, dass man sie in ganz Teutschland nur zu nennen pfleget die republikanische Königin, oder die es nicht mit der absoluten unumschränkten Monarchie hält ...«

Auch wenn man die zeitüblichen Schmeicheleien abzieht, bleibt doch ein so ungewöhnliches Bild der ersten Königin in Preußen, dass die Bemerkung des Philosophen Leibniz: »Sie fragt nach dem warum des warum« bestätigt wird. Der alternde Leibniz klagte auch, dass es oft »über Tisch und Bänke« ginge, eine ausgelassene Unbeschwertheit bis in den Morgen gepflegt würde, die er körperlich nicht mehr aushalten könne.

Der Hof der Königin Sophie Charlotte in Lützelburg war wohl der »modernste« Hof des Reiches. Die Königin begann sogar, eine Frauenakademie aufzubauen, um zu beweisen, dass Frauenzimmer durchaus des Denkens fähig seien.

Dass dieses Eigenleben in Lützelburg auch Grenzen hatte, zeigt ein Auszug aus einem Brief an Henriette Charlotte von Pöllnitz: »Die fürchterlichen Kissen sind angekommen. Ich gehe zum Altar. Was meinen Sie? Wird das Opfer unverletzt bleiben?« Der reitende Vorbote mit dem persönlichen Kopfkissen Friedrichs I. war angekommen. Ihm folgte die königliche Kutsche. Die Hofetikette bestimmte auch das intimste Detail: den Beischlaf. Dass es sich hierbei nicht um ein – wie auch immer geartetes – Bedürfnis, sondern um einen Teil des Hofzeremoniells handelte, bewies die Existenz einer Mätresse. Nicht, dass der König sich verliebt hätte, nein, er demonstrierte damit, dass er sich eine Mätresse leisten konnte. Er ließ für diese, Katharina Eleonore von Wartenberg, das Schloss Mon Bijou errichten. Wie hochverschuldet das junge Königreich war, interessierte nicht.

Der Lützelburger Hof hätte vielleicht Beispiel machen und der Ruhm der klügsten Fürstin der Hohenzollern, der ersten »philosophischen Königin« des Reiches, sich weit verbreiten können, als Vorbild für manchen weiblichen Lebensentwurf, jedoch: Sophie Charlotte starb am 1. Februar 1705 in Herrenhausen an einer Halsentzündung.

Friedrich I., der tief gebeugte Witwer, ließ dem Dorf Stadtrecht verleihen und Stadt und Schloss den Namen Charlottenburg übertragen, um die außergewöhnliche Sophie Charlotte, erste Königin in Preußen, zu ehren.

Der Mythos der wunderschönen Königin Luise von Preußen

Das Jahr 2010 wurde das Luisenjahr – Anlass war das 200. Todesjahr einer Hohenzollernkönigin, die bis heute verehrt, bewundert, märchenähnlich verklärt wird.

Wann werden Frauen eigentlich Legenden, welche Frauen wurden mythisiert?

Uns fallen Namen ein wie Jeanne d'Arc oder Fürstinnen wie Katharina die Große, vielleicht auch die eigenwillige Sissi, Kaiserin Elisabeth von Österreich, oder die Queen Victoria von England, nach der das »viktorianische Zeitalter« benannt wurde.

Diesen Frauen war wenig gemeinsam, jede hatte ihre eigene Lebensgeschichte und es gab sehr unterschiedliche Gründe, warum sie im Gedächtnis Europas unvergessen blieben. Die Zarin Katharina als Verkörperung der Macht, Sissi in ihrer Eigenwilligkeit gegen das gängige Fürstinnenbild und Jeanne d'Arc als immer wieder erinnerte religiöse Ikone.

Es wäre zu kurz gegriffen, den Mythos der wunderschönen Königin Luise von Preußen, geborene Prinzessin von Mecklenburg-Strelitz, mit ihrem frühen Tod oder mit ihrer Schönheit erklären zu wollen. Denn schöne Frauen gab es immer, ein Mythos wurden sie auch dann nicht, wenn sie in der Blüte dieser Schönheit verstarben.

Was war an Luise anders als an anderen Fürstinnen, die zeitgleich in der knappen Zeitspanne von 1776 bis 1810 lebten?

Luise Auguste Wilhelmine Amalie war eine vergleichsweise arme Prinzessin, eine von vier Schwestern und von zwei Prinzenbrüdern aus dem Haus Mecklenburg-Strelitz, die keine große Erbschaft zu erwarten oder einen ruhmreichen Namen zu vertreten hatten. Und wie in den Märchen, in denen die dritte Königstochter als schönste und erfolgreichste der Prinzessinnen ihren Prinzen bekommt, war Luise die dritte Tochter des Prinzen und späteren Herzogs Karl von Mecklenburg-Strelitz. Dieser wiederum war nur der zweite Sohn und hatte somit ein bescheidenes Auskommen, denn sein älterer Bruder regierte in Neustrelitz und für zwei adelige Familien in Wohlstand reichten die Früchte des bescheidenen mecklenburgischen Landes nicht aus. Daher hatte Herzog Karl im Hannover'schen Fürstentum eine geachtete Anstellung und Position als Diplomat und Militär angenommen und er hatte aus Zuneigung Prinzessin Friederike von Hessen-Darmstadt geheiratet, eine Prinzessin, die nicht nur schön war, sondern auch eine große Ausstrahlung besaß. Allerdings verstarb die junge Frau im sechsten Kindbett, das Kind mit ihr. Da war Luise sechs Jahre jung. Der Witwer heiratete, so war es oft üblich, die Schwester seiner verstorbenen Frau. Aber auch diese, Charlotte, starb am Kindbettfieber nach der Geburt eines gesunden Sohnes. Ein Familiendrama, wie es über Jahrhunderte gang und gäbe war.

Prinz Karl heiratete nicht wieder, er gab die Kinder zu seiner Schwiegermutter nach Darmstadt. Luise von

Hessen-Darmstadt war eine ungewöhnliche Persönlichkeit, die in ihrer Heimat einen großen Ruf besaß. Lebenstüchtig muss man sie wohl nennen. Umsichtig, vielseitig interessiert, aufgeschlossen für alles Neue soll sie gewesen sein. Dabei hatte sie für das Volk stets ein offenes Ohr, fühlte sich als aufgeklärte Fürstin.

Die Zeit, in der die 1776 geborene Luise aufwuchs und die sie beeinflusste, sollten wir uns in Erinnerung rufen:

Das 18. Jahrhundert war die aufregende, umbruchbereite und aufbrechende Zeit des Beginns der bürgerlichen Emanzipation und somit der Entdeckung der Individualität.

Die Ideale der Aufklärungsphilosophie hatten ganz Europa ergriffen, das zu Beginn des Jahrhunderts noch immer im Heiligen Römischen Reich Deutscher Nation gefangen war. Das Haus Habsburg sicherte seine katholische Vorherrschaft durch Heirat, »Glückliches Habsburg, heirate« war der Wahlspruch, auf den das Haus baute. Mit der Kaiserin Maria Theresia war die Donaumonarchie für aufklärerische Ideale nur langsam zu öffnen.

Das Königreich Preußen hingegen hatte mit dem aufgeklärten toleranten Friedrich II., dem »Großen Friedrich« oder dem »Alten Fritz« – achtungsvolle Benennungen, die seine Popularität sehr deutlich werden lassen –, eine ungewöhnliche Fürstenpersönlichkeit besessen. Friedrich der Große hatte einen Staat neuen Zuschnitts geschaffen, einen Militär- und Verwaltungsstaat, in dem Bürger in den unteren und mittleren Etagen der Verwaltung und des Militärs geachtete Positionen einnehmen konnten und die Juden viele Privilegien besaßen, die anderswo in Europa undenkbar gewesen wären. Im preußischen Staat gab es aufklärerische Werte, Tugenden wie Disziplin, Untertanentreue, Zuverlässigkeit sowie die Haupttugenden der Sparsamkeit und der religiösen Toleranz. Der König selbst hatte mit dem Kopf der französischen Aufklärung, dem Philosophen Voltaire, eine Freundschaft gepflegt. Für den Genfer Bürger Jean-Jaques Rousseau und dessen philosophische Überlegungen allerdings war sein Interesse gering. Dabei war es dieser Philosoph Rousseau, dessen Wertevorstellungen weit über das bisher Gedachte hinausgingen: die Rückkehr zur Natur; Liebe, Treue, Freundschaft als Grundwerte zwischen allen Menschen. Jeder Mensch sollte sich nach seinen Anlagen entwickeln können. Rousseau verdanken wir den Satz, der die Denkrichtung der Aufklärer prägnant zusammenfasste:

»Sind wir nicht alle nur Menschen, ehe wir einer Rasse, einer Religion oder arm und reich zugehören. Sind wir nicht alle nur Menschen!«

Und im fernen Königsberg schrieb Imanuel Kant:

»Vernunft besitzt der Mensch, er sollte sie anzuwenden verstehen.«

Es war zugleich die Zeit, in der die verschwenderische höfische Prachtentfaltung der absolut regierenden gekrönten Häupter des Erbadels, führend der französische Hof mit den Königen Ludwig XIV., XV. und XVI., seine dekadenten Blüten trieb.

In diese geschlossene Adelswelt hinein begannen die Ideale der bürgerlichen Gegenwelt zu wirken. Bürgerliche begannen die Welt des Adels zu hinterfragen.

Die Salonkultur, von Frauen initiiert und von Paris aus ganz Europa überziehend, verbreitete diese neuen bürgerlichen Ideale. Lesegesellschaften gründeten sich, fürstliche Bibliotheken wie die der aufgeklärten Herzogin Anna Amalia in Weimar öffneten sich dem allgemeinen Publikum – Lesen wurde modern.

Luise von Hessen-Darmstadt, allgemein nach ihrem verstorbenen Gemahl »Prinzess George« genannt, kannte sich mit ihrem Rousseau aus. Ihre Enkelkinder sollten aufklärerisch erzogen werden, sie sollten sich also »frei« entwickeln können. Die Erziehung wurde nicht, wie es üblich gewesen wäre, einer adligen Gouvernante überlassen, sondern sie wählte eine Pfarrerstochter aus Neuchâtel. Salomé Gélieu hatte, gemeinsam mit ihrer Schwester, mit Erfolg eine Mädchenschule betrieben. Nun war sie Erzieherin für Therese, Luise und Friederike wie auch für die Prinzen Georg und Karl. Die älteste Schwester Charlotte war bereits verheiratet worden. Sie führte mit dem Herzog von Hildburghausen eine der üblichen Pflichtehen, war keineswegs glücklich und schrieb lange Briefe an die Familie nach Darmstadt.

Am Darmstädter Hof gefiel es der bürgerlichen Erzieherin außerordentlich gut. Die Atmosphäre, die die Großmutter Luises um sich schuf, war heiter und ungezwungen, ja, so ungewöhnlich familiär, dass sich Besucher immer wieder wunderten.

Die Erziehung einer Prinzessin wurde natürlich auf die spätere Heirat hin ausgerichtet und daher war das wichtigste Unterrichtsfach das Lernen – oft Auswendiglernen – der an den Höfen unerlässlichen Etiketteregeln. Wer in der höfischen Hierarchie stand bei Empfängen an welchem Platz? Wie tief hatte sich wer im Hofknicks zu beugen? Wem lächelte man nur ein wenig zu, wem reichte man die Fingerspitzen der behandschuhten Rechten? – Wer die Etikette kannte, konnte an den Höfen des Adels eigentlich nichts falsch machen und zeigte auch das Zugehörigkeitsgefühl zu jahrhundertealten Konventionen.

Ansonsten wurde Prinzessinnen Sprachunterricht, vor allem das Hoffranzösische, erteilt. Ein wenig Gesangsunterricht und das Erlernen eines Instrumentes gehörten dazu wie die höfischen Tänze, die geübt wurden, und vor allem Unterricht in den Fragen der Religion. So war es üblich.

Luise jedoch wuchs gänzlich unkonventionell auf. Französisch wird sie ein Leben lang nicht vollkommen beherrschen, auch das Englische lag ihr nicht. Deutsch, Grammatik, Geografie und Geschichte – über alles huschte sie hinweg. Orthografisch richtig schreiben lernte sie erst in ihren Ehejahren, als sie begann, sich um ihre Weiterbildung zu bemühen. Das Fach Religion mochte sie, vielleicht der biblischen Geschichten wegen.

Sie war ein natürliches und lebhaftes Mädchen. Am liebsten kletterte sie auf Bäume und bewegte sich im Freien. Wo hatte es das bei einer Prinzessin jemals gegeben? »Jungfer Husch« nannte man sie in der Familie, weil ihre Konzentrationsfähigkeit wenig ausgeprägt war. Dabei wird die Großmutter gelächelt haben, denn sie legte mehr Wert auf die »Schönheit des Herzens« als auf die Ausbildung des Geistes. Die kleine Luise verlebte eine behütete Kindheit und Jugend inmitten einer liebevollen Familienatmosphäre.

Luises engste Vertraute war die zwei Jahre jüngere Schwester Friederike, ein sanftes und liebenswürdiges Mädchen. Alle sechs Geschwister blieben ein Leben lang verbunden, viele Briefe bezeugen das.

Therese, die zweite Schwester, heiratete nun ebenfalls: in den Geldadel der Familie von Thurn und Taxis. Damit ging sie zwar eine Mesalliance ein, aber, bald von ihrem Mann getrennt lebend, wurde sie wegen ihres freien selbstbestimmten Lebensentwurfes bewundert und beneidet. Mit einem Partner ihrer Wahl lebte sie bis zu dessen Tod zusammen und gebar ihm Kinder. Sie galt als eine der großen Fürstinnen Europas.

Dank ihres Vermögens unterstützte Therese lebenslang die nicht so gut gestellten Geschwister. Vor allem Luise wurde, selbst später als Königin, von Therese mit neuester Mode aus Paris, mit Schmuck und Leckereien beschenkt.

Die Ehen der älteren Schwestern werden von Luise und Friederike sicher aufmerksam beobachtet worden sein: Was würde sie erwarten?

Anlässlich einer kleinen Reise nach Frankfurt am Main zur Kaiserkrönung des Habsburgers Leopold II. im Jahr 1790 waren die Schwestern bei der Frau Rat Witwe Goethe untergebracht worden. Diese so lebensaufgeschlossene Mutter des großen bürgerlichen Genies hatte ihre helle Freude an der Natürlichkeit der Prinzessinnen. Allerdings waren sie noch zu jung, um offiziell der Gesellschaft vorgestellt werden zu können.

Zwei Jahre später ist es dann soweit. Wiederum war Kaiserkrönung, diesmal für den Habsburger Franz II. Alle gekrönten Häupter waren nach Frankfurt am Main gereist und am Abend eröffnete der 24-jährige

Clemens Metternich, ein Freund der Familie, mit der 16-jährigen Luise von Mecklenburg-Strelitz den großen Ball. Friederike war ebenfalls unter den Ballgästen. Die Schwestern waren nun heiratsfähig und wurden der Gesellschaft präsentiert.

Unter den Gästen sah auch König Friedrich Wilhelm II., genannt der »dicke, vielgeliebte Willi«, die jungen Prinzessinnen beim Tanz. Der preußische Nachfolger des großen Friedrich II. war ein lebenslustiger Mann. Während am Hof in Berlin die Gräfin Lichtenau herrschte, die als Trompetertochter bereits mit zwölf Jahren die Aufmerksamkeit des Königs erregt hatte und ihn bis an sein Lebensende begleitete, lebte die rechtmäßige Königin Friederike abseits in Bad Freienwalde, nachdem sie ihre dynastischen Pflichten mit der Geburt von drei Söhnen erfüllt hatte.

Der Frauenkenner Friedrich Wilhelm II. machte seine Söhne, den 23-jährigen Kronprinzen Friedrich Wilhelm und seinen Bruder Ludwig, auf die jungen Prinzessinnen aufmerksam.

In einem Brief lesen wir:

»Habe ich hier die Prinzessinnen von Mecklenburg-Strelitz kennengelernt. Habe ich mich in die Engelchen verliebet. Hoffe ich, es könne meinen Herren Söhnen ebenso gehen. Schnell muss es gehen, denn nur frische Fische sind gute Fische.«

Vater Karl ist allerdings gegen eine solche Verbindung mit dem preußischen Hof, dessen »Liederlichkeit« ihm nicht geeignet für seine Töchter scheint.

Aber die kluge erfahrene Großmutter setzte sich durch. Immerhin hätte eine der Prinzessinnen die Chance, durch die Heirat später Königin von Preußen zu werden, eine Chance, die man sich nicht entgehen lassen konnte.

Es wurde eine Begegnung arrangiert, die jungen Mädchen waren völlig ahnungslos.

Am 13. März 1793 stiegen die Prinzessin George und ihre Enkeltöchter im Hotel zum Weißen Schwan in Frankfurt am Main ab. Am Abend saßen sie in der Theaterloge, von vielen Augen beobachtet, auch der preußische Kronprinz hielt nach ihnen Ausschau. Tags darauf gab es ein gemeinsames Frühstück und am Abend einen Ball. Der Kronprinz Friedrich Wilhelm war ein scheuer, verklemmter, langsam reagierender und kaum redegeübter junger Mann. Er hasste die Mätressenwirtschaft seines Vaters. Zudem hatte er sich vorgenommen, ein Friedensfürst zu werden, wenn er König sein würde.

Nun tanzte er pflichtgemäß zuerst mit Luise, dann mit Friederike. Sein Bruder Ludwig hatte ihm die Auswahl überlassen. Ludwigs langjährige bürgerliche Geliebte gebar ihm gerade das zweite Kind und daher war es ihm gleichgültig, welche Pflichtgemahlin er bekam.

Dem Kronprinzen gefiel Friederike anfangs mehr, ihr zartes Wesen sprach ihn an. Aber er entschied sich für Luise, weil sie die höher Gewachsene und daher als spätere Königin die repräsentativere Erscheinung war, wie er sich äußerte. Von Liebe auf den allerersten Blick konnte also nicht die Rede sein.

Noch am gleichen Abend holte sich der Kronprinz die Einwilligung der Großmutter, die anstelle Luises Vaters Karl anwesend war, und die seines Vaters, des Königs von Preußen. Am nächsten Tag traf er die überraschte Luise.

»So froh ich war«, schrieb er, »so verlegen war ich

dennoch, und nach vielem Stottern und unzusammen-
hängenden Phrasen fasste ich endlich Mut und trug
ohne viel Umstände mein Anliegen vor. Wir standen am
Fenster ... Mit jungfräulicher Bescheidenheit aber herz-
lichem Ausdruck willigte sie ein ... Abends war Ball ...
und unser Vertrauen zueinander wuchs mit jedem Augenblick ...«

Diese Verlobungsszenerie war eine durchaus übliche
Eheanbahnung. Schnell sollte es gehen, auch bei Luises
Schwester Friederike, und so war die Doppelhochzeit
bereits auf den Heiligen Abend desselben Jahres 1793
festgelegt worden.

Inzwischen schrieben sich die Verlobten lange Briefe.
Doch während die pflichtgerecht vergebene Friederike
trockene Höflichkeitsfloskeln formulierte und im Ge-
genzug Ludwig auch nur Phrasen in seine Pflichtbriefe
einfügte, finden wir in den Verlobungsbriefen Luises
mit Friedrich Wilhelm ein glückliches junges Paar, das
sich aufeinander bezog.

An ihre Schwester Therese schrieb die aufgeregte
Luise:

»Du kannst nicht glauben, liebe Therese, wie zufrie-
den ich bin ... Kurz, mir bleibt nichts zu wünschen übrig, denn der Prinz gefällt mir ...«

Und in einem ihrer offenherzigen Briefe an den Verlobten lesen wir:

»Großmama wollte, ich solle eine Kladde für den Brief
an Sie machen, weil ich nicht korrekt und orthografisch
schreibe. Ich gebe zu, das ist nicht schön: aber Sie müssen auch meine Fehler kennen. Wäre ich in der Kindheit
fleißiger gewesen, so wäre ich vielleicht imstande, ihnen
die Gefühle meines Herzens fehlerlos auszusprechen, so

kann ich es nur immer fehlerhaft … Ihre treue Freundin Luise unwandelbar.«

Der zurückhaltende, pedantisch-nüchterne Kronprinz und die lebhaft-natürliche Luise ergänzten einander. Eine Liebesgeschichte, die sich zu einer der glücklichsten Verbindungen innerhalb der europäischen Adelsfamilien entwickelte, begann.

Weniger angetan war die Oberhofzeremonienmeisterin Gräfin Sophie von Voß, die nach Darmstadt gesandt worden war, um den Prinzessinnen von Mecklenburg-Strelitz die preußischen Regeln der Hofetikette näherzubringen. Sie hinterließ uns ihr Tagebuch mit dem vielsagenden Titel *69 Jahre am preußischen Hof.* Ihr konnte man nichts vormachen und sie echauffierte sich zutiefst. Diese Prinzessinnen hatten nur die allernotwendigste Bildung und von höfischen Gepflogenheiten wussten sie nicht nur wenig, ja, sie legten keinerlei Wert auf Regeln, die doch für eine spätere Königin unerlässlich sein würden. Bei der Brautfahrt stellte sich heraus, dass die Sorgen der Oberhofzeremonienmeisterin nicht unberechtigt waren.

Die jungen Prinzessinnen, überaus aufgeregt, standen im Mittelpunkt aller Aufmerksamkeit. Die Kutsche mit der goldenen Krone und den zwölf Pferden fuhr eine lange, vorher festgelegte Route Richtung Berlin zur Doppelhochzeit. Am Rande der Dörfer stand die Landbevölkerung, rief »Vivat« – so war es üblich – und dann wäre die Kutsche auch schon vorbeigerollt. Ganz anders jetzt: Luise und Friederike ließen halten, stiegen aus, winkten und lachten, putzten Dorfkindern die Rotznasen und zeigten sich der begeisterten Menge als Prinzessinnen »zum Anfassen«. Das hatte es noch niemals gegeben und die erste Mythisierung begann bereits mit dieser Brautfahrt. In den kleinen Städten war es üblich, dass sich die Bräute nach dem offiziellen, meist sehr steif und gehemmt verlaufenden Abendessen sofort zurückzogen. Ganz anders Luise und Friederike, die auf den Bällen ihnen zu Ehren zum Entsetzen der Gräfin Voß mit dem Bürgermeister und anderen Honoratioren tanzten. Der Ruhm der herzlich-natürlichen Luise war ihr nach Berlin vorausgeeilt, als die Kutsche in der Residenzstadt einrollte. »Ein Zulauf von Menschen, der ungeheuer war, alle Fenster beleuchtet, der Zug nahm kein Ende, und ein Werfen mit Sträußen, dass wir ordentlich in Blumen badeten«, schrieb Luise an ihren Bruder Georg.

Dabei waren die Zeiten im Jahr 1793 besorgniserregend, in Paris rollten die adeligen Köpfe und Verunsicherung prägte die Gespräche in den Fürstenhäusern ganz Europas. Da kam das Bild der charismatischen Luise vielleicht zur rechten Zeit, wurde hervorgehoben und gepflegt. Es waren ihre Schönheit, offene Freundlichkeit, ihre jugendliche Impulsivität und ihr Rang, die die Menschen bewegten.

Die höfische Berliner Gesellschaft beobachtete während der Hochzeitsfeierlichkeiten die junge Kronprinzessin überaus genau – und fand nur Lob. Die bisher eng auf sich bezogene und längst in der Etikette erstarrte Hofgesellschaft fand in Luise die schöne Einfachheit und Menschlichkeit, die die preußischen Werte Friedrichs II. vorbereitet hatten – die Herzen flogen ihr zu.

Der verliebte Friedrich Wilhelm konnte Luise nichts versagen und so brachten die ersten Ehejahre einen Wir-

bel von Bällen und anderen, oft kostspieligen Lustbar-
keiten. Das Paar hatte sich in der Hochzeitsnacht das
»Du« angeboten, das war unerhört. Das »Sie« war bei
den arrangierten Ehen des Adels wie des christlichen
Großbürgertums eine Frage des Respekts und wurde
teils bis ins Ehebett beibehalten. »Du« sagte das einfach
Volk. Solche Neuerungen erinnerten an die unerhörten
Vorkommnisse in Frankreich und verunsicherten am
Berliner Hof die Hofgesellschaft.

Unerhört war es auch, dass Luise den Walzer tanzte, diesen erotischen neuen Tanz, und das nicht nur mit
ihrem Mann, sondern auch mit dem enfant terrible des
Hofes, dem Prinzen Louis Ferdinand. Dieser Louis Ferdinand war ein hochbegabter junger Fürst. Er verkehrte
im Salon der unverheirateten Jüdin Rahel Levin, ein
unglaublicher Vorgang: ein Prinz bei einer Jüdin. Viele
Leute hatten Angst, die Welt könne untergehen.

In ganz Europa hieß es: »Das erste Bürgerpaar auf Europas Thronen ist das Kronprinzenpaar in Preußen.«

Allerdings war das nicht unbedingt freundlich gemeint, denn die Ereignisse in Frankreich stürzten den
Adel Europas in die erste ernsthafte Krise – der Anfang
des Endes, das 1918 kommen würde. Die preußischen
Minister Hardenberg und vom und zum Stein urteil-
ten in diesen Anfangsjahren vernichtend über die junge
Kronprinzessin.

Nach einer Todgeburt – Bösmeinende schrieben sie ihrem Lebenswandel zu – gebar Luise die Thronerben
Friedrich Wilhelm und Wilhelm. Insgesamt waren es
zehn Kinder, von denen drei verstarben, die sie in den
17 Jahren ihrer Ehe zur Welt brachte.

Das Elternpaar liebte die Kinder zärtlich und Luise, ihrer eigenen glücklichen Kindheit eingedenk, verbrachte mit ihren Kindern, ganz bürgerlich, viel Zeit. Inzwischen hatte die Familie einen Sommersitz gefunden, das kleine Dorf Paretz bei Potsdam. Dort konnten sie weitab von der Hofgesellschaft ganz familiär leben.

1797 verstarb der dicke vielgeliebte Friedrich Wilhelm II. Nun waren Friedrich Wilhelm III. und seine Luise König und Königin von Preußen. Die ersten glücklich-verspielten Ehejahre waren vorbei, die Pflichten eines Herrschers forderten Friedrich Wilhelm. Die häusliche Atmosphäre wurde immer wieder durch seine Verstimmungen belastet. In den Briefen ihrer Geschwister können wir die Bewunderung herauslesen, die Luise entgegengebracht wurde. Denn nun war sie es, die den oft schlechtgelaunten König unterhielt und sich seinen Wünschen anpasste. Er wollte seine Frau ständig um sich haben, so dass sie wenig Zeit für sich selbst hatte. Andererseits begann Luise ihre Bildungslücken zu schließen. Eine enge Vertraute war ihr Frau von Berg, eine kosmopolitisch gebildete Persönlichkeit, die der Königin Bücher empfahl und sie in ihren Gesprächen mit der politischen Situation in Europa vertraut zu machen begann.

Aus der sorglos-fröhlichen Kronprinzessin wurde eine sich ihre Welt erschließende nachdenkliche Königin. Mit dieser langsam vor sich gehenden persönlichen Reife wurde aus der »Prinzessin zum Anfassen« der Mythos der volksnahen, mütterlichen und politisch entscheidungsbereiten Luise von Preußen.

Denn schon 13 Jahre nach der Hochzeit, 1806, waren die guten Jahre für das preußische Bürgerpaar vorüber.

Wie Phönix aus der Asche hatte sich Napoleon Bonaparte aus den Wirren der revolutionären Ereignisse in Frankreich erhoben, hatte sich zum Kaiser aller Franzosen gekrönt. Sein Traum waren die »Vereinten Staaten von Europa«, natürlich unter seiner Herrschaft. Die Große Armee schlug bei Jena und Auerstedt in Thüringen die überalterte und schlecht vorbereitete preußische Armee vernichtend. Prinz Louis Ferdinand, der längst gewarnt hatte, fiel. Das Königspaar flüchtete mit den Kindern.

Sie flohen Richtung Russland, denn Zar Alexander hatte anlässlich eines Staatsbesuches in Berlin vor allem Luise entzückt. Was für ein gut aussehender, gebildeter und vielseitig interessierter, dabei kosmopolitisch agierender Fürst! Über dem Sarkophag Friedrichs des Großen in der Garnisonkirche zu Potsdam hatten sich die etwa Gleichaltrigen die Hände zum ewigen Freundschaftsbund gereicht. Briefe wechselten zwischen Luise und Alexander sowie seiner Gemahlin, der Zarin Elisabeth.

Nun war die Situation aber eine andere und der Zar aller Reußen reagierte politisch, freundschaftliche Rücksichten gegenüber dem preußischen Königspaar waren zeitgemäß nicht angebracht.

Luise fand sich in einer beklemmenden Situation. Preußen war französisch besetzt, auf Hilfe war nicht zu rechnen und ihr Gemahl Friedrich Wilhelm reagierte seiner Anlage entsprechend zaudernd und unentschieden.

»Mehr als ein König ist untergegangen, weil er den Krieg liebte, ich, ich werde untergehen, weil ich den Frieden liebe ...«, war das Wort des preußischen Königs angesichts der Kriegslage.

Luise hasste Napoleon, den Usurpator. Bei der Besetzung Berlins logierte Napoleon in Charlottenburg und schlief in Luises Schlafgemach. Er fand Briefe der Königin an Zar Alexander, die er veröffentlichen ließ, um Luises offensichtliche Begeisterung für Russland als »Untreue« zu diffamieren. »Und man lebt und kann die Schmach nicht rächen!«, schrieb die tief getroffene Luise. Dagegen nannte Napoleon Friedrich Wilhelm III. einen »braven Mann«.

Vor allem aus ihren Emotionen heraus begann Luise einzugreifen. Sie wurde zum Sprachrohr der Napoleongegner und sie nahm entsprechend Einfluss auf ihren Mann. Nicht als politische Ratgeberin, dazu waren ihre Kenntnisse zu lückenhaft geblieben, aber sie war ständig um ihn, disputierte mit ihm oder schrieb ihm lange Briefe, wenn er abwesend sein musste. Um ihren Mann nicht zu kränken und um ihrer weiblichen Rolle als Helferin ihres Mannes, wie sie ihre Aufgabe hauptsächlich begriff, weiterhin zu genügen, versuchte sie ihm den Rücken zu stärken:

»Ich bitte Dich, sei fest, sei standhaft, endlich ganz Mann in dieser Sache ...«, schrieb sie anlässlich einer Personalentscheidung.

Das Königspaar floh von Festung zu Festung Richtung Memel. Luise wurde mehrmals ernsthaft krank, denn die Fahrt im offenen Schlitten bei eiskalten Wintertemperaturen war ihrer stets schwachen Gesundheit nicht zuträglich. Sie litt unter Herzbeschwerden, Bronchitis, Zahn-, Hals- und Kopfschmerzen. Sie bekam Typhus und überstand die Krankheit.

Die Bevölkerung bewunderte und bedauerte die Königin und ihr Ruf als »Dulderin für Preußen«, als »Landesmutter, die mit ihrem Volk dessen schwerste Zeit teilt«, verbreitete sich.

Auch international nahm der Name der preußischen Königin heroische Züge an. »Die arme Königin erweckt durch ihre würdevolle Resignation und ihren Charakteradel in allen Prüfungen und in allem Unglück noch mehr Teilnahme als selbst durch ihre große Schönheit«, schrieb ein englischer Diplomat.

Von der Memel aus reiste Luise nach Königsberg, wo sie ihre Schwester Friederike wiedertraf und die Familie sicherer schien.

Doch dann war die Große Armee auf ihrem Siegeszug Richtung Moskau in Königsberg einmarschiert. »Preußen ist doch verloren …«, schrieb Luise an ihren Vater.

Im Juli 1807 traf Napoleon in Tilsit auf den Zaren Alexander von Russland, auf den König des besetzten Preußen – und auf die Königin Luise. Die beiden Herrscher Europas entschieden über das besiegte Preußen.

Napoleon hatte viel über Luise gehört, er mag neugierig geworden sein. Der preußische Fürstkanzler August von Hardenberg nutzte die Möglichkeit der Stunde.

»Die wunderbare Gesprächigkeit der Königin kann uns mehr helfen als gewöhnliche Diplomatie …«, war die allgemeine Ansicht.

Friedrich Wilhelm, und das ist bemerkenswert, überließ Luise die alleinige Entscheidung, dem »Ungeheuer« entgegenzutreten. Luise entschied sich für die Begegnung.

Am entscheidenden Tag trug sie ein weißes Seidenkleid mit Tüllüberwurf, auf den Perlen, Symbol ihrer Tränen, gestickt waren. »Wie flossen die Falten anmutig um ihre schlanken Glieder«, überhöhten Zeitgenossen den Auftritt Luises, die im 6. Monat schwanger war. Die einstündige Unterredung der Königin von Preußen mit dem Kaiser der Franzosen – unter vier Augen – ist viel beschrieben worden und alle sind sich einig: Napoleon gefiel Luise. Er gab sich verständnisvoll und aufgeschlossen. An seine Frau, die Kaiserin Josephine, schrieb er über die Begegnung nach Paris:

»Es hätt mir schlecht angestanden, den Galanten zu spielen. An mir rann ihr Charme ab wie an einer Wachsleinwand ... Aber sie ist eine bezaubernde Frau.«

Politische Zugeständnisse jedoch erzielte Luise nicht.

An der Abendtafel saß Luise zwischen den politisch wichtigsten Fürsten ihrer Zeit, plauderte gewandt und hinterließ gegenüber ihrem introvertierten Mann den Eindruck, Einfluss gewonnen zu haben. Napoleon äußerte sich bis zu seinem Tod respektvoll über sie.

Mit dieser Begegnung war Luise für ganz Europa mehr als nur eine Königin, sie wurde zur opferbereiten Retterin der von Napoleon unterworfenen Länder erhoben. Legenden wurden gesponnen, die aus ihr eine Überfigur zu schaffen begannen – einen Mythos.

Napoleon gestattete dem preußischen Königspaar die Rückkehr nach Berlin, es war Winter und die Reise beschwerlich – aber triumphal. Die jugendliche Schönheit Luises war vergangen, jetzt sprach alles von ihren »edlen, ernsten, tiefen Zügen«.

Preußen war ausgeblutet und geriet in eine Finanzkrise. Luise schrieb eine Denkschrift, die sie endgültig mythisierte und in den Rang der »politischen Fürstin« versetzte.

»Ein wahrer Staatsdiener muss von dem Geist beseelt sein, erstlich alle Mittel aufzufinden und zweitens in Gang zu setzen, um den Forderungen, die dem Staat gemacht werden und obliegen, Genüge zu leisten …«

Eine politisch Denkende und Handelnde war sie im strengen Sinne nie, aber eine Frau, die die drückende Situation durchaus verstand und sich einzubringen wünschte. Daraus ließ sich der Begriff der »Landesmutter« ableiten, einer Landesmutter, die für ihr Volk fühlte und dachte.

An ihre Schwester Therese schrieb Luise, ständig kränkelnd und deprimiert, kurz vor ihrem Tode:

»Meine Seele ist grau geworden durch Erfahrungen und Menschenkenntnis, aber mein Herz ist jung … Ich liebe die Menschen, ich hoffe so gern, und habe allen, ich sage allen meinen Feinden verziehen …«

Ein Familientreffen in Hohenzieritz, dem Sommersitz der Mecklenburger Herzöge, sollte Luise erfreuen und ihre Gesundheit kräftigen. Als sie hier im Arbeitszimmer ihres Vaters Karl an einer Lungenentzündung überraschend verstarb, war dem kollektiven Trauma nur durch den Mythos Luise zu begegnen. Es war der 17. Juli 1810.

Im Park Charlottenburg entstand ein Mausoleum, in dem ihr Sarkophag bis heute steht. Sie soll vom Bildhauer Rauch »ganz nach dem Leben und am ähnlichsten« künstlerisch getroffen worden sein.

Luise wurde der meistvergebene Mädchenname des 19. Jahrhunderts, es gründeten sich Luisenbünde, Luisenvereine, Luisenschulen. In Luises Namen begannen die Freiheitskriege gegen Napoleon.

Der älteste Sohn Luises, Friedrich Wilhelm IV., wurde

1840 König von Preußen. Seine Gemahlin Elisabeth von Bayern, eine liebenswürdige kinderlose Fürstin, konnte das Volk nie gewinnen. Der zweite Sohn Luises, der spätere Kaiser Wilhelm I., ging eine Verstandesehe ein. Kaiserin Augusta von Sachsen-Weimar-Eisenach war eine kluge Frau, ihre Wohltätigkeit wurde weit bekannt. Aber auch sie wurde nicht populär. Vom Volk wurden alle kommenden Fürstinnen an Luise gemessen, keine konnte dem Vergleich mit dem Mythos standhalten.

In der kollektiven Erinnerung blieb sie ewig jung und schön, weiblich ausstrahlend und unübertroffen charismatisch.

Die Hohenzollern pflegten diesen ›hauseigenen‹ Mythos Luises, die junge Weimarer Republik wird sie im Stummfilm verewigen und die Nationalsozialisten werden Luise als Weiblichkeitssymbol der deutschen Frau entdecken. Die 50er Jahre des 20. Jahrhunderts bringen in der Bundesrepublik eine zu Herzen gehende erneute Verfilmung und in der DDR, in den 80er Jahren, eine viel beachtete Biografie Luises. Nach 1989 entdeckt das gemeinsame Deutschland wiederum Luise – das ist nachvollziehbar, denn vergessen wurde sie nie und manch ältere Dame erzählte ihren Enkeltöchtern von der wunderbaren Königin, deren Biografie sie zur Schulentlassung bekam und deren Aura bis ins Jahr 2010 Glanz in die Geschichte Preußens bringt.

So hat die Erinnerung an die wunderschöne Königin Luise von Preußen die Zeiten überstanden, alle anderen Hohenzollernfürstinnen sind im Dunkel der Vergangenheit vergessen worden.

Nachbemerkung

Wer weiß schon, dass sich der Witwer Friedrich Wilhelm III., König von Preußen, zwölf Jahre nach Luises Ableben noch einmal verliebte. In Teplitz traf er die 24-jährige Auguste von Harrach und sie erwiderte die Zuneigung. Die überaus einflussreiche böhmische Familie von Harrach stimmte einer morganatischen Ehe zu und entwarf einen speziellen Ehevertrag: Kinder dürfen aus dieser Ehe nicht hervorgehen. Die Ehe blieb kinderlos.

Aber auch wenn Kinder geboren worden wären, hätten sie bei einer Ehe zur linken Hand, wie man die morganatische Eheschließung auch nannte, keinerlei Erbrechte erhalten.

Auguste von Harrach wurde zur Fürstin Liegnitz. Allerdings, da größte Geheimhaltung um die Eheschließung gewahrt wurde, wussten nur die Kinder Luises und einige Eingeweihte um die Hintergründe. Schließlich sollte das Andenken der Königin Luise nicht in Frage gestellt werden. Als Friedrich Wilhelm III. 1840 verstarb, zog sich die Fürstin Liegnitz auf ihre schlesischen Güter zurück. Sie heiratete nicht wieder und verstarb im Alter von 74 Jahren.

Henriette Herz und der Beginn der jüdischen Salonkultur in Berlin

»Was Moses Mendelssohn, seine Kinder und Enkel, was die Hofrätin Henriette Herz, was Rahel Levin und ihre Freunde ... zu ihrer Zeit an Bildung, an Charakter besaßen und für sich geltend machten, das ist der Grundstock des Kapitals, von welchem heute noch die geselligen Verhältnisse der Juden ihre Zinsen beziehen.«

Fanny Lewald

Die Berliner Juden hatten in der Regierungszeit des großen Königs Friedrich II. einige Privilegien erhalten, denn sie finanzierten seine Kriege und den Aufbau des preußischen Staates. Von den 110.000 Einwohnern der Residenzstadt Berlin waren 3.372 Juden. Sie bildeten die letzte der sechs Klassen und wurden 15-fach höher besteuert als die Christen. Ökonomisch waren sie unentbehrlich, führten aber weiterhin ein Leben außerhalb der Berliner christlichen Gesellschaft. Der Toleranzbegriff Friedrichs des Großen, in dessen Regentschaftszeit, kurz nach dem Siebenjährigen Krieg, Henriette de Lemos geboren wurde, war ein durchaus pragmatischer. Jeder solle nach seiner Fasson selig werden, so er denn gut zahlender Steuerbürger sei – lautete der Ausspruch des aufgeklärten Monarchen auf Preußens Thron.

Im 18. Jahrhundert, dem Jahrhundert der Aufklärung, kamen die bürgerlich-aufklärerischen Ideale aus Frankreich. In den Pariser Salons, geführt von bewunderten Frauen, entwickelte sich eine Geselligkeit, die das Gegenbild der höfischen Etikettegesellschaft bildete. Hier konnte jeder und jede verkehren, trafen sich Männer und Frauen aus Adel und Bürgertum. Voraussetzung war eine geistvolle Unterhaltung rund um die Ideale einer jungen bürgerlichen Generation. Da die französische Sprache die Verbindungssprache Europas geworden war, konnten sich dank der verbesserten Drucktechnik die Werke der Aufklärer – Diderot, d'Alembert, Voltaire und Rousseau – schnell verbreiten. Lesen wurde modern, öffentliche Bibliotheken entstanden; Männer und vor allem auch Frauen ließen sich literarisch anregen, trafen sich in Lesezirkeln.

Die Idee des bürgerlich-weiblichen Salons verbreitete sich von Paris aus bis St. Petersburg. In Darmstadt kam es zu einem ersten deutschsprachigen adlig-bürgerlichen Salon unter den Vorzeichen der neuen aufklärerischen Ideale.

An Henriette Herz, die erste Jüdin, die nicht nur durch ihre Schönheit und Intelligenz auffiel, sondern vor allem dank ihres weiblichen Geschicks zur Geselligkeit einen »jüdischen« Salon in Berlin pflegte, der viel Aufsehen erregte und dessen Ruf bis nach Paris, der Stadt der großen Salonièren, drang, erinnert heute nur noch ein kleiner Platz hinter dem Hackeschen Markt in Berlin-Mitte. Mit ihrem geselligen Kreis begann der Aufbruch der Berliner Jüdinnen in eine neue Zeit.

In den erhaltenen *Bemerkungen eines Reisenden ...* von 1779 heißt es über die Berliner Juden: »Ihr Benehmen, besonders derjenigen, welche eine gute Erziehung genossen haben, ist fein und artig ... oft sieht man es ihnen kaum an, dass sie Juden sind.«

Der unbekannte Reisende erwähnte auch voller Lob den Schutzjuden Moses Mendelssohn, den großen Aufklärer der Juden. Dieser war als Waise 14-jährig durch das den Juden vorbehaltene Rosenthaler Tor in die Stadt gekommen, um als Hauslehrer und Mitarbeiter des Seidenwarenfabrikanten Bernhardt in der Spandauer Straße sein Auskommen zu finden. Moses Mendelssohn war von den aufklärerischen Schriften, die von Frankreich her ihren Weg durch Europa nahmen, fasziniert. Vor allem Rousseau, der Genfer Bürger, dessen großen Satz: »Sind wir nicht alle nur Menschen, ehe wir einer Rasse, einer Religion oder arm und reich zugehören!« er wie viele seiner Generation begeistert aufnahm, regte Moses zu eigenen Überlegungen an. Er war Autodidakt, sprachbegabt und philosophisch weitdenkend. Sein Freund Gotthold Ephraim Lessing setzte ihm in *Nathan der Weise* ein Denkmal. Der Freund war es wohl auch, der die Schriften Mendelssohns dem Buchhändler Friedrich Nicolai zuspielte und dieser veröffentlichte sie nicht ohne Vorbehalte. Rousseau ließ sich die Aufsätze des Juden aus Berlin zusenden, denn dass ein Jude denken kann, das konnte er nicht glauben, davon musste er sich persönlich überzeugen.

Es war der Bürger Goethe, dessen Roman *Die Leiden des jungen Werther,* in deutscher Sprache geschrieben, wie ein Paukenschlag auf eine junge suchende bürgerliche Generation wirkte. Auch auf die zehn Jahre junge Henriette de Lemos. Ihr Vater, der Direktor des jüdischen Krankenhauses in der Residenz Berlin, hatte sie dem Kreis um den verehrten Lehrer Moses Mendelssohn anvertraut. Dieser unterrichtete nicht nur seine eigenen Söhne mit den Töchtern gemeinsam, sondern erweiterte diesen ungewöhnlichen Kreis gern um Töchter der gebildeten jüdischen Familien. Ein ungewöhnliches Experiment im Zeichen der Aufklärung: Jungen und Mädchen gemeinsam in Fächern wie Sprachen, Mathematik, Astronomie, französische wie deutsche und sogar englische Literatur, Musik und Tanz zu unterrichten. Somit erhielten junge Mädchen erstmals in der jüdischen Tradition eine Bildung gleich der der Knaben – die Ideale der Aufklärung begannen zu wirken. Vor allem die englischen Ritterromane erregten die Gemüter der Mitglieder der jüdischen Gemeinde. Wozu brauchten die jungen Mädchen das? Es würde ihre Weiblichkeit zerstören, sie von ihrer eigentlichen göttlichen Berufung als Frau und Mutter ablenken. Überhaupt war Bildung für bürgerliche Frauen doch ebenso schädlich wie für die Damen des Adels. Es gab manche Karikatur in den vielgelesenen Wochenzeitschriften, auf denen man die Hausfrau mit einem Buch in der Hand sehen konnte, während der arme Mann neben dem nur unzulänglich gedeckten Tisch zusammenbrach, die Kinder herumtobten und die Dienerschaft kicherte.

Henriette de Lemos lernte gern, schnell und war besonders für Sprachen hochbegabt. Die Töchter des Hauses Mendelssohn, Dorothea und Henriette, wurden ihre Freundinnen. Auch die jüngste Schülerin, Rahel Levin, deren Vater Bankier und Juwelenhändler bei Hofe war, gehörte zum Freundinnenkreis. Was sie lernten, debattierten, lasen, träumten – die Ideale der neuen Zeit –, das wollten sie auch leben. Man musste Zeichen setzen.

Nicht mehr die Haare abschneiden wie ihre Mütter und die Frauenhaube aufsetzen – das kam nicht in Frage; sie wollten ihr schönes Haar zeigen, beim Spaziergang Unter den Linden und beim Tanz. So stellten die jungen Mädchen einen Antrag bei der jüdischen Gemeinde – und die alten Herren gaben nach.

Die Erste, die verheiratet wurde, war die 15-jährige Henriette de Lemos. Ihre Schönheit war weit bekannt, mit 12 Jahren war sie traditionell verlobt worden. Nun heiratete sie am 1. Dezember 1779 den 15 Jahre älteren Dr. Markus Herz. Die Ehe blieb freundlich-kühl und kinderlos. Dr. Herz war der Stellvertretende Direktor am jüdischen Krankenhaus und bekam somit die Tochter des Chefs. Er war allerdings ein ungewöhnlich weit gereister und gebildeter Jude und Arzt. In Königsberg hatte er als erster Jude die Vorlesungen des großen Philosophen Immanuel Kant besuchen dürfen und war von ihm als sein »bester Schüler« anerkannt worden.

Kants Philosophie über die Vernunft und den vernunftbegabten Menschen wurde in jener Zeit breit diskutiert. Dr. Herz empfand sich, zurückgekehrt nach Berlin, als Kantianer und Aufklärer zugleich. Für die neue deutschsprachige Literatur wie den *Werther* und ihre Auswirkungen hatte Markus Herz allerdings wenig Sinn, die Suche nach Individualität, Liebe, Treue – all diese Werte waren seiner Generation noch fremd. Die junge Generation dagegen wollte fühlen und denken, lieben und Ideale verbinden.

In seinem Haus in der Neuen Friedrichstraße empfing Dr. Herz regelmäßig Gäste, um mit ihnen die neuesten wissenschaftlichen wie philosophischen Themen disputieren zu können. Seine junge Frau schrieb in ihren Erinnerungen: »Wir Damen durften anwesend sein und saßen im Kreise im Saale, mit einer Handarbeit gar sittsam beschäftigt. Wir wagten nicht, den Mund zu öffnen, aus Angst, es könne etwas die Herren störendes daraus entfliehen.«

Henriette Herz und ihre Freundinnen langweilten sich wohl. Sie bat ihren Mann, an seinen Abenden mit eigenen Gästen in ihrem Zimmer eine Geselligkeit haben zu dürfen. Er gestattete es ihr. Es war dieser Moment, in dem eine gesellige Runde aus sehr jungen Frauen und Männern der nächsten Generation zusammentrafen, die ihre eigenen Themen und Ideale zusammenführte.

»Tugendbund« nannte Henriette Herz ihren Kreis. Hier wurde über Literatur und Malerei, über Musik und die deutsche Sprache heiß gestritten, aber auch Liebeleien gelebt und durchlitten. Das brüderlich-schwesterliche »Du« wurde getauscht, aufsehenerregend, denn das »Sie« als Form des Respekts war bis ins Ehebett üblich, geduzt wurde nur im niederen Volke. Und was für eine nie dagewesene Zusammensetzung der Freunde: adlig wie die Brüder von Humboldt, Karl von La Roche, Carl von Brinkmann oder die Grafen Dohna; bürgerlich-christlich wie die Brüder Tieck mit ihrer Schwester Sophie, der junge Schadow, Schleiermacher; jüdisch-liberal wie die Schwestern Mendelssohn und Rahel Levin.

Es waren junge Männer und Frauen, verheiratete wie unverheiratete – ein Phänomen in der Berliner Gesellschaft. Jüdinnen öffnen ihre Häuser, war das Schlagwort. Es gab viel Klatsch und Tratsch um den Tugendbund. Es war ja eine ganz ungewöhnliche Geselligkeitsform, und die sehr jungen Leute philosophierten natürlich nicht nur, sondern manche jugendliche Albernheit wurde später von ihnen belächelt. So liest man von den beliebten Pfänderspielen, die im Sommer im Garten am Hause gespielt wurden. Eine junge Dame musste ein Band aus ihrem sommerlichen Kleid lösen. Die jungen Herren mussten nun das Band haschen und wer es in die Hand bekam, hatte gewonnen – und durfte die Trägerin küssen. Wer nun wen küsste und wie innig, das wurde am Abend in Tagebüchern und Briefen festgehalten und gab endlosen Anlass zum Spekulieren. Die frühe Romantik kündigt sich an, als die älteste Mendelssohn-Tochter Dorothea sich aus ihrer Pflichtehe löste, da sie sich in den acht Jahre jüngeren Philosophen Friedrich Schlegel verliebt hatte. Liebe auf den ersten Blick!

Und der Liebe zu leben, war das nicht ein Ziel der Aufklärung – Freiheit des Individuums?

Das Paar erregt viel Aufsehen, verließ Dorothea doch nicht nur ihren Mann Markus Veit, sondern auch ihre beiden Söhne. Als die Scheidung ausgesprochen wurde, lebte sie bereits seit zwei Jahren mit Friedrich Schlegel in wilder Ehe zusammen und gemeinsam hatten sie die Geschichte ihrer Liebe in dem Roman *Lucinde* in die Öffentlichkeit gegeben. Ein Skandal sondergleichen. Moses Mendelssohn, der Vater, der die Pflichtehe seiner Tochter wie selbstverständlich durchgesetzt hatte, war zu dieser Zeit allerdings bereits verstorben. Die Mutter, Fromet Mendelssohn, löste sich von der Tochter, und Dorothea beklagte: »Sie wird nicht einmal auf dem Totenbette mir verziehen haben.« Liebe leben war nun ein romantischer Traum und brachte neue Probleme mit sich. Vor allem Frauenbiografien wie die der Rahel Levin, der Sophie Tieck, der Caroline von Humboldt und

Therese Heyne spiegeln diesen schwierigen Aufbruch in die weibliche Selbstbewusstheit deutlich wider.

Eine neue Zeit war im Kommen, sie kündigte sich in Frankreich an, dort, wo die bürgerliche Salonkultur den Weg bereitet hatte. Die Französische Revolution begann 1789 und die Angst vor ihren Folgen war wohl größer als die Begeisterung und Hoffnung auf neue Zustände, auf ein bürgerliches Zeitalter ohne den fürstlichen Absolutismus.

Der jüdische Salon in Berlin erhielt eine Erweiterung, die durch die Ausstrahlung der Salonière Rahel Levin den Tugendbund der Henriette Herz übertraf und überstrahlte.

Die 19-jährige Rahel Levin hatte manches auszusetzen am Kreis um Henriette Herz, sie wollte es anders haben: Jeder Mensch spricht mit jedem Menschen, bis sie sich verstehen, das war ihr Traum!

Es waren oft dieselben Besucher und Besucherinnen, die sowohl bei Madame Herz als auch bei Mademoiselle Levin verkehrten. Es verband sie die Sehnsucht nach dem anderen Leben, aber auch eine Vorstellung von Geselligkeitskultur, die vor allem literarische Formen suchte und fand. Der Goethekult der jüdischen Salons war sprichwörtlich. Theaterbegeisterung und Musikbefähigung ließen neue gemeinsame Sichtweisen zu. Man empfand sich als besonders und elitär – war es wohl auch. Zu Rahel Levin kam ein Prinz von Preußen, Louis Ferdinand. Ein preußischer Adelsspross besuchte die unverheiratete Jüdin Rahel Levin – die Zeiten waren dem Weltuntergang nahe. Das glaubten manche, denn die Zustände in Frankreich ließen solche Ahnungen zu. König und Königin von Frankreich waren geköpft worden – die Welt stand auf dem Kopf. Ein Korse, Napoleon Bonaparte, übernahm die Macht und träumte den Traum vom vereinten Europa – unter seiner Führung.

Die Jahre der ersten jüdischen Geselligkeit in Berlin waren zu Ende gegangen. Henriette Herz, deren Wesen zwischen Verspieltheit und Intelligenz von manchen gerügt worden war, hatte sich verändert. 1803 war ihr Mann verstorben und die Witwe Madame Herz hatte die mehrfach angetragenen Heiratsangebote allesamt abgelehnt. Selbst den in sie verliebten 17-jährigen Schriftsteller Börne hielt sie in Grenzen.

Aber sie nahm ein Angebot der bewunderten Herzogin Dorothea von Kurland an und unterrichtete deren Kinder – in der englischen Sprache. Dorothea von Kurland war die adlige Salonière von Geltung in Berlin. In ihrem Winterpalais Unter den Linden empfing sie bis zu 1.500 Gäste. Sie als Adlige setzte ganz bewusst an ihren Salonabenden die Jüdin Henriette Herz zu ihrer linken Seite, ihre aufklärerische Haltung dadurch betonend. Madame Herz wurde ihrer Schönheit, ihrer Klugheit wie ihrer Zurückhaltung wegen akzeptiert.

Eine lebenslange Freundschaft verband sie mit dem jungen Prediger Friedrich Schleiermacher. Dieser berichtete seiner Schwester Charlotte: »Dass junge Gelehrte und Elegants die hiesigen großen jüdischen Häuser fleißig besuchen, ist sehr natürlich, denn es sind bei weitem die reichsten bürgerlichen Familien hier, fast die einzigen, die ein offenes Haus halten, und bei denen man wegen ihrer ausgebreiteten Verbindungen in allen Ländern Fremde von allen Ständen antrifft. Wer also auf eine recht ungenirte Art gute Gesellschaft sehn will, lässt sich in solchen Häusern einführen, wo natürlich jeder Mensch von Talenten, wenn es auch nur gesellige Talente sind, gern gesehn wird und sich auch gewiss amusirt, weil die jüdischen Frauen ... sehr gebildet sind, von allem zu sprechen wissen und gewöhnlich eine oder die andere schöne Kunst in einem hohen Grade besitzen ... es ist gar zu auffallend, dass man nur der Frauen wegen hingeht ...«

Die bewunderte Witwe Herz entschied sich für ein weiteres Leben ohne Partner. Ihre Anlage war wohl die Intelligenz ohne Leidenschaft. Bekannt wurde ein Spottgedicht des Bruders der Rahel Levin, Ludwig Robert:

»Junonische Riesin,
egypt'sche Marquisin,
tugendverübend,
treuer als liebend.
Entzückt mit Gewalt.
Hundertfach herzlos,
edel und schmerzlos,
rüstig und kalt,
zu jung für so alt. Jette Herz.«

Henriette Herz als alleinlebende, kinderlose Frau und Jüdin begann ihr zweites Leben. Es fiel ihr nicht leicht, sich als alternde Frau in der Berliner Gesellschaft darzustellen. Immer wieder hieß es, Madame Herz kleide sich zu jugendlich, würde altjüngferlich und zeige sich nicht selbstsicher genug. Erst nach dem Tode der Mutter ließ sie sich christlich taufen, assimilieren, wie es weitverbreitet als Möglichkeit der Anpassung in die Gesellschaft genutzt wurde.

Henriette Herz hatte die unruhigen Jahre zumeist auf Reisen verbracht. Da sie über keinerlei finanzielle

Mittel verfügte, war sie auf die Großzügigkeit ihrer Freunde angewiesen. So lebte sie in Wien bei Dorothea Mendelssohn-Veit-Schlegel und in Rom im Kreis um Caroline von Humboldt.

Zurückgekommen nach Berlin, nahm sie sich eine kleine Wohnung am Gendarmenmarkt in der Markgrafenstraße, wo sie bis zu ihrem Tode gern Besucher empfing. Die meisten waren Bewunderer wie Fanny Lewald und lobten ihre Klugheit, Einfühlsamkeit und Altersschönheit. Als fast Sechzigjährige begann Henriette Herz mit dem Aufzeichnen ihrer Erinnerungen. Sie brach mitten im Satz ab – die Gründe blieben unbekannt. Vielleicht war ihr bewusst geworden, dass sie als alleinstehende Witwe nie mehr die Berühmtheit und Anerkennung ihrer Salonzeit erreichen konnte, denn die jetzige Berliner Salongesellschaft hatte mit Bettina von Arnim und Rahel Levin Varnhagen andere große weibliche Namen gefunden.

Henriette Herz war, als die Märzrevolution 1848 ausbrach, seit fünf Monaten verstorben. Während ihrer Lebenszeit begann der gesellschaftliche Umbruch hin zum bürgerlichen 19. Jahrhundert mit den Forderungen der Frauen nach Einbeziehung in die öffentliche Gesellschaft. Die junge Henriette Herz aus der noch nicht emanzipierten jüdischen Gemeinde, die zum Mittelpunkt eines Kreises bedeutender Männer und Frauen aller sozialen Schichten wurde und eine weit über Berlin hinausreichende Wirkung erlebte, verlor ohne Salongeselligkeit in ihrer zweiten Lebenshälfte den Einfluss auf die weiteren Umschichtungen. Sie war keine Anregerin, keine Fordernde mehr. Es blieb die Bewunderung für sie als erste jüdische Berliner Salonière.

Für die berühmte Pariser Salondame Germaine de Staël verdeutlichte das Leben und Wirken von Henriette Herz, dass es die jüdischen Frauen aus der geduldeten Minderheit waren, die zwar immer als »Menschen minderer Sorte« angesehen wurden, die aber im Traum der aufklärerischen Ideale alle Hürden zu überspringen bereit waren. Als diese Frauen, deren Mütter und Vorfahren jahrhundertelang unsichtbar blieben, ihre Häuser öffneten, begann der bürgerlich-revolutionäre weibliche Geist zu wirken.

Bettina von Arnim
Romantikerin und Sozialkritikerin

Im Salon ihrer Freundin Rahel Levin, verehelichte Madame Varnhagen von Ense, in der Berliner Mauerstraße 33, ging Bettina von Arnim ein und aus. Als Rahel 1833 verstarb, war sie bis zuletzt um die Sterbende bemüht. Einen eigenen Salon im Sinne der Salontradition im Europa ihrer Zeit hat Bettina allerdings nie geführt, denn zu ihr konnte man ohne Anmeldung kommen. Für ihre Freunde sei sie zu jeder Tages- und Nachtstunde empfangsbereit, war das Credo der Bettina von Arnim.

Uns gilt sie als eine der ungewöhnlichsten Frauen der deutschen Romantik, ja, als Romantikerin reinsten Wassers und gleichzeitig als eine politisch hochinteressierte und sozialkritisch ausdrucksstarke Persönlichkeit mit exzentrischen Zügen. Ihr Name ist nicht nur durch die Veröffentlichung ihres *Königsbuches* oder den späten Nachdruck ihres *Armenbuches,* sondern auch durch die kulturhistorisch bedeutsamen Briefe, die sie an ihren Mann Achim von Arnim und an Zeitgenossen schrieb, vielen Frauengenerationen bis heute von Bedeutung.

Lange waren sich die Germanistinnen und Germanisten nicht einig, welche der in den Dokumenten zu findenden Geburtsangaben zutreffend wäre. Auf ihrem Grabstein in Wiepersdorf findet sich die Jahresangabe 1788, aber inzwischen ist der 4. April 1785 sicher belegt.

Vielleicht hat sie mit ihrem Geburtsdatum gespielt wie mit manch anderen Formalien, denn solche Festschreibungen waren ihr verhasst.

Elisabeth Catharina Ludovica Magdalena wurde in der zweiten Ehe ihres Vaters Peter Brentano in Frankfurt am Main im Haus »Zum Goldenen Knopf« geboren.

Peter Brentano stammte aus einer Familie italienischer Fernhändler und hatte sich mit großem Geschick zu einem der reichsten Bürger in der Freien Reichs- und Kaiserkrönungsstadt Frankfurt am Main emporgearbeitet. Er war ein tüchtiger Kaufmann, der sich durch geschickte Heirat mit einer reichen Kusine weiterhin etablierte. Er hinterließ seinen Kindern ein beträchtliches Vermögen. Auch Bettina erhielt bei ihrer Eheschließung 70.000 Gulden, was eine bedeutende Mitgift darstellte. Doch wichtiger wurde für sie die geistige Tradition ihrer weiblichen Vorfahren.

Peter Brentanos erste Frau Walpurga hatte ihm in siebenjähriger Ehe sechs Kinder geboren und war danach im Kindbett verstorben. Der Witwer schloss nach nur kurzer Trauerzeit die zweite Ehe. Er war so wohlhabend, dass er seine zweite Frau aus Zuneigung wählen konnte. Kalkül war dennoch bei dieser Wahl im Spiel, denn die 17-jährige Maximiliane von La Roche, die er umwarb, brachte ihm einen guten alteingesessenen Bürgernamen und daher die weitere Integration in die Frankfurter gute Gesellschaft ein. So war es üblich, ein Nutzeffekt war bei jeder Heirat angestrebt.

Die junge Maximiliane soll sehr schön gewesen sein, zart von Gestalt und hochbegabt als Pianistin und

Malerin. Ihre Mutter, Sophie von La Roche, war eine berühmte Frau. Sie hatte sich in jungen Jahren mit Christoph Martin Wieland verlobt, beide verband eine Vorliebe für die deutsche Sprache. Wieland fragte sich längst, ob nicht die Sprache Luthers und somit des Volkes gegen das französische Idiom eine die Deutschen verbindende Funktion einnehmen könne. Denn philosophiert, gedichtet und geplaudert wurde beim Adel wie beim Bürgertum in französischer Zunge. Frankreich war das große Vorbild Europas im 18. Jahrhundert hinsichtlich neuer philosophischer Ideale: die Aufklärungsphilosophie erfasste bürgerliche wie adlige Kreise. Gelesen wurde nun mit Leidenschaft, Lesegesellschaften entstanden und verbreiteten sich, Bibliotheken wurden geöffnet.

Wieland begann in deutscher Sprache zu dichten. Sophie war begeistert. Zwar ging die Verlobung auseinander und sie wählte danach den wohlhabenden Karl von La Roche, aber ihr Interesse für die deutsche Literatur begleitete sie lebenslang. Mit Unterstützung des ihr weiterhin freundschaftlich verbundenen Wieland schrieb sie den ersten Roman für Frauen in deutscher Sprache: *Die Geschichte des Fräulein von Sternheim,* einen Briefroman, in dem die Heldin einer aufgezwungenen Ehe ohne Liebe entsagt und es vorzieht allein zu leben. Die Post kam waschkörbeweise.

Die moderne Sophie von La Roche allerdings, die über vier Jahre die *Pomona,* eine Wochenzeitschrift in deutscher Sprache für Frauen, herausgab und allen als Beispiel einer selbständigen Persönlichkeit galt, verheiratete ihre Tochter Maximiliane so konventionell, wie es immer üblich gewesen war.

Der junge Nachbarsohn Johann Wolfgang Goethe hatte ein Auge auf die zarte Maximiliane geworfen, aber er war ja völlig ohne Namen und Ansehen und kam nicht in Frage. Glücklich geworden ist Maximiliane Brentano an der Seite des autoritären Peter Brentano nicht. Sie gebar zwölf Kinder und verstarb mit 37 Jahren an den Folgen einer Fehlgeburt. Die kleine Elisabeth, die sich später Bettina nennen sollte – sie liebte den Englischunterricht und soll von dem englischen Namen Betty Bettina abgeleitet haben –, war das siebte Kind Maximilianes.

Peter Brentano heiratete nach dem Tod seiner Frau Maximiliane ein drittes Mal, insgesamt zeugte er 20 Kinder, was sein Ansehen durchaus vermehrte.

Bettina schrieb in einem Brief an ihren Lieblingsbruder Clemens:

»Es war einmal ein Kind, das hatte viele Geschwister. Eine Lulu und eine Meline, die waren jünger, die andern waren alle viel älter. Das Kind hat alle Geschwister zusammengezählt, da warens dreizehn, und der Peter vierzehn und die Therese und die Marie fünfzehn, sechszehn und dann noch mehr, die hat es aber nicht gekannt, denn sie waren schon tot; es waren gewiss zwanzig Geschwister, vielleicht waren es noch mehr.«

Bettina war klein und zart, hatte schwarzes wildlockiges Haar und schwarze Augen. Sie fühlte sich oft einsam in dem großen Haus mit den vielen Geschwistern, dem Personal, den Gästen. Später meinte sie, es habe ihr stets an Liebe gemangelt und sie habe zu Auffälligkeiten gegriffen, um sich in Erinnerung zu bringen. Am Vater hing sie besonders, wohl ein Grund, in späteren Jahren den berühmten und 36 Jahre älteren Goethe als Vaterfigur für sich zu entdecken.

Als die Mutter verstarb, wurden drei der Brentanomädchen zur Bildung nach Fritzlar in ein Klosterpensionat der Ursulinen gegeben, deren Pädagogik hoch geschätzt war. Hier wurden Töchter aus christlichen adligen und großbürgerlichen Familien strikt religiös erzogen. Die Klosteranlage war großzügig angelegt und da die Ursulinen für ihre Mädchenbildung grundlegend Freude für das Kind und die Schaffung zwangloser Entwicklungsmöglichkeiten anboten, fühlte sich Bettina bald recht wohl. Es wurde selten gestraft und das Lernen sollte als angenehm empfunden werden. Die begabte Bettina wird hier die Grundlagen ihrer Begeisterung am lebenslangen Lernen erhalten haben. Natürlich sollten die Mädchen auch alles lernen, was zur Führung eines großen Haushaltes notwendig war. Aber vor allem Malen, Dichten, Gitarrenspiel, Modellieren und kunstvolle Nadelarbeiten regten Bettinas künstlerische Gaben an. Am liebsten beschäftigte sie sich wohl im Garten und mit der Bienenzucht. Vor den Bienen durfte man keine Angst haben. Furchtlosigkeit, auch gegenüber Autoritäten, machte lebenslang ihre Persönlichkeit aus. Sie war ein lebhaftes, schwer zu bändigendes Kind.

Peter Brentano starb 1797, Bettina und ihre Schwestern kehrten nach Frankfurt zurück.

In ihren späteren Werken wie *Goethes Briefwechsel mit einem Kinde* oder auch im Märchen (gemeinsam mit ihrer Tochter Gisela) *Das Leben der Gräfin Gritta von Rattenzuhausbeiuns* finden wir Erinnerungen an die schönsten Jahre ihrer Kindheit in Fritzlar.

Mit 22 Jahren war es für sie höchste Zeit, ernsthaft an eine Eheschließung zu denken. Drei ihrer Schwestern waren bereits verheiratet. Allerdings hatte sie unter den Romantikern, die ihr Bruder Clemens in den Semesterferien von der Universität Heidelberg mit nachhause brachte, keine Auswahl treffen können. Liebeleien waren im Spiel, auch Freundschaften festigten sich: Da waren die Brüder Tieck, die Brüder Grimm – ein romantischer Kreis, in dem »Seelenfreundschaften« für die jungen Männer selbstverständlich waren.

Dass aus diesen Freundschaften nicht mehr wurde, lag wohl auch an Bettinas leidenschaftlicher Art, die sich in heftigen Liebes- und Hassbezeugungen ausdrückte, so heftig, dass ihre Umgebung oft erschrak oder unangenehm berührt wurde. Lediglich Caroline von Günderode, die sechs Jahre ältere Freundin, verstand die leidenschaftliche Art der Jüngeren anzunehmen. Caroline hatte eine heimliche Leidenschaft, er war verheiratet und Professor in Göttingen. Jahrelang wartete sie auf die Entscheidung des Geliebten, sich scheiden zu lassen und zu ihr zu stehen – vergeblich. In tiefer Verzweiflung ertränkte sie sich im Main. Es war für Bettina der erste große Schmerz ihres Lebens und eine gleichzeitige Enttäuschung, denn sie hatte von der Liebesgeschichte der schwärmerisch geliebten Freundin nichts gewusst. Ihr Briefroman *Die Günderode* erinnerte an die so tragisch verstorbene Freundin.

Auch war ihre exzentrische Erscheinung vielen zu auffällig: Ihre Haare trug sie offen, nicht gepudert und hochgekämmt. Ihre Kleidung war lebenslang nachlässig und keiner Mode entsprechend.

Ein dritter Aspekt mag ihre unbedingte Haltung zur

Ehe gewesen sein. Für Bettina wie für ihren Lieblingsbruder Clemens war gewiss: Lieber aus Liebe sterben
als ohne Freiheit in eine Ehe gehen müssen. Einen Leit-
faden zum Leben bot die Literatur. Vor allem der erste Liebesroman in deutscher Sprache, *Die Leiden des
jungen Werther* des jungen genialen Goethe, bestimmte
die Lebens- und Liebesvorstellungen von Generationen. Liebe als höchster Wert! 1774 erschienen, ist dieser
Roman für Bettinas Mutter noch unerfüllte Träumerei
geblieben, Bettina aber wollte genau dies: Leben und
Lieben in persönlicher Freiheit.

Sie hatte Briefe des jungen Goethe an ihre Mutter Maximiliane gelesen und sich sofort in den Verfasser verliebt. Mit der Frau Rat Goethe, um deren Zuneigung
sich Bettina immer wieder bemühte, pflegte sie jahrelang die Kultivierung des Genius – und die Mutter des
Genies hatte eine junge Adeptin gefunden, mit der sie
ihre Gedanken austauschen konnte. Für Bettina ein
Mutterersatz!

Bettina begegnete Goethe zum ersten Mal 1807, da
war sie mit 22 Jahren nicht mehr ganz jung und der
Geheimrat fast 58 Jahre alt. Sie soll auf seinem Schoss
gesessen haben – was ihm gewiss gefallen haben mag.
Er willigte in einen Briefwechsel ein und schrieb: »…
rechne Du auf meine Liebe und meinen Dank.« Goethe
wird für Bettina Lebensinhalt und Lebenshalt bleiben.

Bettina wusste um die gesellschaftlichen und ihre persönlichen Grenzen: »Wäre ich nur ein Mann, wie wollt
ich die Welt erobern!« und: »Ich habe so viel Substanz
in mir, dass ich ein Leben lang damit zu tun habe.«

Bettina nahm leicht auf und nahm manche Anregung

an, aber ihr lag eine zielgerichtete Bildung fern. Andererseits schrieb ihr Musiklehrer: »... Ihr reicher Geist, ihre sprudelnde Regsamkeit, voll poetischer Glut und Phantasie, verbunden mit ungesuchter Anmut und grenzenloser Herzensgüte, machten sie im Umgang unwiderstehlich ...«

So können wir uns ihre Anziehungskraft bis ans Ende ihres Lebens als lebendig-charismatisch vorstellen.

Im Kreis der Freunde um Clemens Brentano hatte sich der ehrgeizige und hochbegabte Karl von Savigny nach anfänglichem Interesse an der quecksilbrigen Bettina für eine Ehe mit der älteren Schwester Kunigunde, genannt Gunda, entschieden. Das Paar lebte in Berlin, wo sich für Savigny eine Karriere bis hin zum Finanzminister Preußens eröffnete.

Die Zeiten waren inzwischen schwierig geworden. Napoleon Bonaparte hatte mit der Grand Armee Preußen besetzt und war auf dem Weg nach Moskau, es kamen die Befreiungskriege, der Wiener Kongress mit der Aufteilung Europas – und inmitten dieser aufregenden wie verunsichernden Ereignisse traf Bettina die private Entscheidung, auf die die Familie so lange gewartet hatte.

Seit sieben Jahren kannte sie den engsten Freund ihres Bruders Clemens, Achim von Arnim.

Die jungen Männer hatten *Des Knaben Wunderhorn* herausgegeben, reisten gemeinsam und philosophierten sich die Welt romantisch. Achim war ein schöner Mann, dazu hochbegabt und schwärmerisch. Bettina und Achim empfanden sich bald als seelenverwandt, wechselten Briefe, duzten sich und Bettina überhöhte Achim, wie es ihre Art war. Er wiegelte ab.

Achim von Arnim war ein märkischer Landadliger. Seine Großmutter verwaltete das bescheidene Vermögen ihrer beiden Enkelsöhne. In ihrem Testament verfügte sie, dass derjenige, der rechtmäßige Kinder in die Welt setze, den Besitz Wiepersdorf, Bärwalde und Zernikow bei Rheinsberg erhalten werde. Damit war einem der Brüder eine Existenz gesichert. Achim von Arnim hatte also wesentliche Gründe und schrieb an die Freundin entschieden: »Ich meine, wir heiraten uns, wann und wo es sei, nur bald ...« Der Verlobung im Dezember 1810 folgte die heimliche Hochzeit am 11. März 1811 im Haus des Schwagers Savigny in Berlin am Mon-Bijou-Platz Nr. 4. Am Gendarmenmarkt in der Deutschen Kirche gab Friedrich Schleiermacher, der Freigeist, sie zusammen. Sie trugen Alltagskleidung und brachten zwei Bürger von der Straße als Trauzeugen mit.

Bettinas Erbe ermöglichte anfangs ein sorgenfreies junges Eheleben und in den verworrenen Jahren der Befreiung vom »französischen Joch« bis ins gemütvoll-bürgerliche Biedermeier hatten sie gute Jahre. Es wurden sieben Kinder geboren, die das Arnim'sche Erbe sicherten: vier Jungen und drei Mädchen.

Allerdings war Bettinas Mitgift bald aufgebraucht, denn rechnen konnte das Romantikerpaar nicht so gut. Wir kennen 21 Wohnorte der Arnims in Berlin und das waren gewiss nicht alle. Bald blieb Achim von Arnim in Wiepersdorf, er entschied sich, als Landmann zu leben. Und Bettina mietete, je nachdem, wie die Ernte ausfiel und welche Einnahmen zur Verfügung standen, im Herbst in Berlin eine entsprechende Wohnung. Im Frühjahr gab sie die Möbel ins Magazin und verlebte die warme Jahreszeit mit den Kindern in Wiepersdorf.

Die Ehebriefe, die sich das Paar über 21 Ehejahre hinweg schrieb, sind heute für uns ein kulturhistorischer Schatz. Von der jubelnden Leidenschaft der ersten Jahre bis zur innigen, aber auch entfremdeten Darstellung von Zeit und Menschen in den Altersbriefen ist eine Ehe nachvollziehbar, die uns heutige Leser modern und aktuell anmutet.

Als Achim von Arnim mit 50 Jahren verstarb, war Bettinas Vermögen längst aufgebraucht, die Familie finanzierte sich einerseits durch die Erträge der Landwirtschaft, andererseits wurde sie vom Schwager Karl von Savigny regelmäßig unterstützt, nicht nur materiell, sondern vor allem auch mit Rat, Tat und viel Verständnis.

Bettina war eine 46-jährige Witwe und im Sinne ihrer Zeitgenossen damit eine ältere Dame der guten Berliner Gesellschaft. Sie war familiär geborgen, bis zu ihrem Lebensende lebte sie niemals allein, sondern stets mit und bei ihren Kindern, vor allem den drei Töchtern Armgard, Maximiliane und der ihr sehr nah stehenden Gisela.

Aber Bettinas eigenes, selbstbestimmtes und eigenwilliges Leben fing jetzt erst an.

Es waren die verlustreichsten Jahre ihres Lebens, in denen sie zu einem ganz eigenen Lebensentwurf fand. Zwei Jahre nach dem Tod Achim von Arnims starb der 82-jährige Goethe, das Idol und der väterliche Halt ihres Lebens. 1833 war das Todesjahr Rahel Levins, der Verlust einer intellektuellen Freundschaft für Bettina. Der Familienfreund Friedrich Schleiermacher verstarb 1834. Ein Jahr später, 1835, zog sich ihr Lieblingssohn Kühnemund beim Baden tödliche Verletzungen zu.

Bettina reagierte auf die Verluste mit einer überzogenen Betriebsamkeit, die von nun an Teil ihres Wesens wurde. Zuerst widmete sie sich der Veröffentlichung der Gesamtwerke Achim von Arnims, keine einfache Aufgabe, gesellschaftlich wurde sie dafür bewundert.

Daneben schrieb sie selbst und veröffentlichte zwei Jahre nach Goethes Tod ihren Briefroman *Goethes Briefwechsel mit einem Kinde,* einen romantisierenden und zwischen Traum und Realität verwischenden Erinnerungsband. Gewiss werden einige Freunde gelächelt haben, insgesamt aber war es ein guter Erfolg für Bettina, die sich bestätigt fühlte weiterzuschreiben. Allerdings war die Familie nicht so euphorisch. Es gehörte sich nicht, wenn sich eine Witwe öffentlich betätigte, und es war peinlich, wie emotional und verspielt Bettina sich als »alte Frau« immer noch aufführte.

Bettina allerdings spürte selten, wenn der Wind ihr entgegenblies. Bis an ihr Lebensende träumte sie von einem Goethemonument in Marmor, entwarf unermüdlich und verwarf immer wieder – ausgeführt wurde es nicht.

Im Sommer 1835 war wieder eine Choleraepidemie in Berlin zu beklagen. Berlin hatte häufig mit Epidemien zu kämpfen. Schuld war vor allem die Wassersituation. Das Brunnenwasser war oft brackig und voller Keime und das verschmutzte Spreewasser, was vor allem die armen Leute holten, löste schwere Durchfälle und Infektionskrankheiten aus.

Bettina, die bereits einige Jahre vorher gemeinsam mit Rahel Levin Hilfe geleistet hatte, suchte die Kranken und Armen persönlich auf, was für eine Dame ihrer Herkunft unüblich war. Zwar gehörte Wohltätigkeit zu den üblichen weiblichen Aufgaben in den adligen und gutbürgerlichen Berliner Familien, man gab Geld oder Lebensmittel; ließ beides aber von Knechten oder Mägden verteilen.

Vor dem Rosenthaler Tor, heute eine U-Bahnstation mit Rosenthaler Platz in Berlin-Mitte, begann die Rosenthaler Vorstadt. Im Volksmund hieß das Gebiet das »Vogtland«, denn die Maurer, Zimmerleute und ähnliche Berufsangehörige waren hier gezielt angesiedelt worden und kamen als Zuwanderer aus dem Vogtland rund um die Stadt Plauen.

Die Handwerker hatten den Gendarmenmarkt bebaut und waren inzwischen in der dritten Generation in Berlin ansässig. Allerdings hatte sich das Gebiet mit der Brunnenstraße, der Gartenstraße, der Berg- und Ackerstraße zu einem extremen Armutsviertel entwickelt.

Von einem jungen Journalisten, der an ihren Abenden bewegt von seinen Erfahrungen mit den Berliner Armen berichtet hatte, wurde Bettina von Arnim in die Vorstadt mitgenommen und begegnete erstmals den Wohn- und Lebensverhältnissen der Unterschichten. Sie war entsetzt und angerührt, wie offen und zutraulich die Menschen ihr ihre Unterkünfte zeigten und von ihrer Not erzählten.

»Der König konnte davon nichts wissen, man musste ihn informieren.« Davon war sie überzeugt. 1843 schrieb sie ein Buch, das eigentlich ein klarer sachlicher Sozialbericht wurde: »Dies Buch gehört dem König.« – Das *Königsbuch*. Ob es den Romantiker auf dem preußischen Thron, Friedrich Wilhelm IV., wirklich erreichte, ist bis heute nicht geklärt.

Sicher ist, dass ohne den ständig präsenten Einfluss des Schwagers und Vormunds der Arnim'schen Kinder, Karl von Savigny, die Zensur und die Polizeibehörden, ganz anders eingegriffen hätten. Denn das Ansinnen des Buches war politische Liberalität, das war Anarchie und hätte Bettina viele Schwierigkeiten einbringen können. Wahrheiten hörten auch Könige ungern.

Aber sie war ja auch eine Frau, älter, Witwe – was konnte man da erwarten! Vielleicht hat diese Argumentation für Bettina gegolten. Sie war ja nicht ganz ernst zu nehmen und kam aus einer längst vergangenen Zeit.

Ihr Buch erschien im Biedermeier, dieser Zeitspanne zwischen der Neuaufteilung Europas in Wien und den Revolutionen hin zu 1848. Eine von der jungen Generation aufmüpfig hinterfragte Zeit, die Zeit des Beginns der nationalen Erhebungen, der Freiheitskämpfe Griechenlands, Polens, Ungarns – der Beginn der Marx'schen Philosophie des »Arbeiter aller Länder – vereinigt Euch!«

Bettina besuchte den jungen Karl Marx und disputierte einen langen Tag, zwischen den Weinbergen hin und her wandelnd, mit ihm. Eigentlich war er auf seiner Hochzeitsreise mit Jenny von Westphalen, aber Rücksichten waren Bettina stets fremd.

1848 war sie in den Revolutionstagen Berlins inmitten der Aufstände, schrieb Aufrufe und Briefe an Familie und Freunde. Die Darstellung der Fakten ist voll klarer kluger Übersichtlichkeit, ohne emotionalen Überschwang.

Ein zweites Königsbuch, die *Gespräche mit Dämonen*, 1852, verpuffte. »Es gibt eine Vision, die Vision von der friedlichen Gemeinschaft der Völker«, schrieb Bettina von Arnim.

Ihr *Armenbuch* zur Not der schlesischen Weber konnte erst 1960 (!) erscheinen, zu Bettinas Zeit war das kein Thema für Verleger, auch wenn ein Heinrich Heine oder eine Frau von Arnim schrieben.

Sie lebte nun In den Zelten 4, am heutigen Bettina-von-Arnim-Ufer, in einem großen Haus. Schwager Savigny spottete: Es gibt zum Glück zwei Eingänge, da kann man sich überlegen, ob man zu den Töchtern zum Kaffee oder zu Bettina und den Anarchisten gehen möchte.

Dank ihm waren manche der Prozesse Bettina von Arnims in Geldstrafen umgewandelt worden und der Familie war der ärgste Spott erspart geblieben.

Was wagte Bettina aber auch, ohne Rücksicht auf die Konventionen? Sie verliebte sich mehrmals in junge Männer, die ihr anfangs ehrfürchtig die Aufwartung machten und denen sie intellektuell wegweisend schien. Sie schrieb ihren letzten kleinen Roman *Ilius Pamphilius und die Ambrosia*. Der junge Mann, dem dieses Büchlein galt, floh und heiratete die langjährige Verlobte. Ihre Emotionalität überforderte wohl auch die von ihrer unkonventionellen Art angezogene nächste Generation.

Wie muss dieses für ihre Zeit exzentrische Leben auf ihre Söhne und Töchter Einfluss genommen haben? Die Söhne hatten Karriereabsichten im Staatsdienst, die Töchter wollten wiederum in den Adel einheiraten. Für die Umsetzung solcher Pläne war eine solche Mutter, deren auffällige Aktivitäten und offene Lebensführung ein einziges Ärgernis für die gute Gesellschaft Berlins darstellten, sicher nicht hilfreich. Die Gesellschaft hatte ihr Objekt für nie enden wollenden Klatsch.

Die jüngste Tochter Gisela, in deren Familie Bettina – 74-jährig und nach zwei schweren Schlaganfällen ein Pflegefall – betreut wurde und 1859 verstarb, brachte der Mutter am ehesten Verständnis entgegen. Gisela war mit Herman Grimm, dem Sohn Wilhelm Grimms, verheiratet. Beide bewahrten einen Teil des Nachlasses Bettina von Arnims.

Zwischen Romantik und früher Industrialisierung, zwischen Tag und Traum, zwischen Phantasie und energischem Engagement bewegte sich das Leben der Bettina von Arnim.

In ihren Werken wie in ihren Briefen kann man eine der ungewöhnlichsten Frauenpersönlichkeiten Berlins in der Zeit des Übergangs vom Jahrhundert der Aufklärung hin in das bürgerliche 19. Jahrhundert mit seinen von der industriellen Revolution und deren technischen Erfindungen geprägten Neuerungen und seiner Suche nach nationaler Identität entdecken.

Nachwort

Wer sich mit dem Thema Frauen in der Geschichte beschäftigt, wird mit Erstaunen immer wieder feststellen können, wie viele einflussreiche Frauen es gab. Die Berliner Geschichte macht da keine Ausnahme. Andererseits wissen wir nach wie vor wenig über das Alltagsleben der Berlinerinnen und Berliner der vergangenen Jahrhunderte. Der Einfluss der Religion, die Abhängigkeit vom Adel und das Miteinander innerhalb der städtischen Hierarchie beeinflusste das Denken, Fühlen und Handeln der Menschen. Und jeder Einzelne, jede Einzelne hatte ihr ganz individuelles Erleben.

Bei den thematischen Stadtspaziergängen, die ich im Rahmen von FRAUENTOUREN Berlin seit zwanzig Jahren anbiete, sage ich oft: »Wir sind nicht dabei gewesen, wir wissen über das Leben unserer Vorgenerationen nur das, was wir mit unserem heutigen Verstand aus den überlieferten Quellen herauslesen können.« Doch genau diese Beschäftigung mit der Vergangenheit hält uns für unser heutiges Leben einen Spiegel vor – im Falle der vorliegenden Frauen-Geschichten vor allem für die Frauen, die heute in Berlin leben.

Ich möchte bei dieser Gelegenheit all den Interessierten danken, die meine Arbeit seit vielen Jahren mit Anregungen und Hinweisen begleiten, meine Arbeit bestätigen und mich persönlich durch ihre Anerkennung zum Weiterdenken, Weiterlesen, Weiterschreiben motivieren.

Literaturempfehlungen

Behringer, Wolfgang. Hexen. München 2000

Bainton, Roland H. Frauen der Reformation. Gütersloh 1995

Beuys, Barbara. Der Große Kurfürst. Reinbek 1979

Gélieu, von, Claudia. Salomé de Gélieu. Die Erzieherin der Königin Luise. Regensburg 2007

Feuerstein-Prasser, Karin. Die preußischen Königinnen. Regensburg 2009

Taack, van, Merete. Königin Luise von Preußen. München 2000

Heyden-Ryntsch, von der, Verena. Die europäischen Salons. München 2005

Günzel, Klaus. Die Brentanos. Zürich 1993

Vordtriede, Werner (Hg.). Achim und Bettina in ihren Briefen. Frankfurt 1981

Zum Weiterlesen ...

Beate Neubauer

Schönheit, Grazie und Geist

Die Frauen der Familie von
Humboldt

blue notes 36,
144 Seiten, Halbleinen
ISBN 978-3-938740-39-2

Hinter jedem großen Mann steckt eine große Frau. So
auch in der Familie der von Humboldt. Die beiden Brüder
Alexander und Wilhelm von Humboldt sind allgemein be-
kannt, Alexander als Forscher und Wilhelm als Politiker.
Doch was wäre die Familie ohne den Einfluss der Mutter
Marie, der Ehefrau Caroline und der Töchter Adelheid und
Gabriele mit der Enkelin Constanze. Zu ihrem Freundes-
kreis zählten Königin Luise von Preußen, Goethe, Schiller,
Wilhelm Schadow, Karl Friedrich Schinkel u. a.

Die Frauen der Familie von Humboldt begegnen uns als
vielsprachige Kosmopolitinnen, als Salondamen, als Kunst-
kennerinnen, als Liebende und Mütter. Sie erleben das
Jahrhundert der Aufklärung, das bürgerliche 19. Jahrhundert und den Zusammenbruch des alten Europa am Ende
des Ersten Weltkriegs. Am Beispiel der Humboldt-Frauen
stellt die Historikern Beate Neubauer den Aufbruch der
Frauen in eine neue Zeit vor.

Beate Borowka-Clausberg
Damals in Marienbad ...
Goethe, Kafka & Co. –
die vornehme Welt kuriert sich

blue notes 42,
112 Seiten, Halbleinen
ISBN 978-3-938740-87-3

Marienbad war im 19. Jahrhundert ein Treffpunkt von Dichtern, Denkern und Leuten von Welt. Ob nun Goethe, Schnitzler, Hoffmannsthal oder Kafka, ob Frédéric Chopin oder Richard Wagner – sie alle ließen sich durch die sprudelnden Heilquellen inspirieren. Selbst die Weltpolitik hielt Einzug im böhmischen Badeort ...

»Beate Borowka-Clausberg öffnet noch einmal den Vorhang für die vornehmen Badegäste von damals. Wie inspirierend das Heilwasser dennoch für Werk und Leben vieler Künstler war – auch Kafka rühmte die ›unbeschreibliche Schönheit‹ des Weltbades –, davon erzählt die Autorin historisch genau und sprachlich grazil.«

Die Zeit

Erschienen in der Reihe blue notes

Monika Hoffmann
Scheherazades Töchter
Acht Frauen reden um ihr Leben

blue notes 22,
128 Seiten, Halbleinen
ISBN 978-3-934703-80-3

Von ihren Schöpfern zum Tode verurteilt erhalten sie noch einmal das letzte Wort und sie blicken auf ihr Leben zurück: Anna Karenina (Tolstoi), Madame Bovary (Flaubert), Thérèse Raquin (Zola), Fräulein Julie (Strindberg), Fräulein Else (Schnitzler) u. a.

Simone Frieling
Im Zimmer meines Lebens
Biografische Porträts über
Sylvia Plath, Gertrude Stein,
Virginia Woolf, Marina Zweta-
jewa u. a.

blue notes 43,
144 Seiten, Halbleinen
ISBN 978-3-86915-027-7

Wenn man mit Simone Frieling Schriftstellerinnen auf kalte Dachböden und in rußige Küchen folgt, in denen sie zwischen Essen und Abwasch, zwischen Windeln und Kindergeschrei geschrieben haben, stellt man erstaunt fest, dass hier Weltliteratur entstanden ist, dass hier Frauen geschrieben haben gegen alle Widrigkeiten der Welt: gegen Krankheit, Armut, Krieg, mit knurrendem Magen und Angst. Natalia Ginzburg, Sylvia Plath, Elisabeth Langgässer, Katherine Mansfield, Gertrude Stein, Virginia Woolf, Marina Zwetajewa und andere.

»Von Virginia Woolf bis Kate Millett fächert Frieling mit leichter Hand ein ausgewogenes und repräsentatives Panoptikum weiblicher Kreativität im 20. Jahrhundert auf, wobei sie uns gerade so viel Einblick in die jeweiligen Biografien gewährt, damit die Neugier, geweckt, aber nicht gestillt, uns zu vertieften Lektüren über diese und jene Schriftstellerin anregt.«

Alexandra Lavizzari, Lesart

Franziska zu Reventlow
Ach, das liebe Geld
Roman
meinen Gläubigern zugeeignet

blue notes 19,
112 Seiten, Halbleinen
ISBN 978-3-934703-48-3

Um sich von ihrem Geldkomplex heilen zu lassen und auf eine in Aussicht stehende Erbschaft zu warten, begibt sich die Ich-Erzählerin in ein teures Sanatorium. Dort begegnet ihr eine ganze Entourage aus gescheiterten Existenzen, die sich gleichfalls durchs Leben mogeln: Bankrotteure, Spekulanten, versoffene Adelige und spleenige Witwen. Zusammen schmiedet man verwegene Pläne, aber das Leben übertrifft bekanntlich jede Fantasie …

Ein kurzweiliger und amüsanter Roman zum Thema Geld – all denen zugeeignet, bei denen sich das Geld rar macht und deren Gedanken sich immer um das Eine drehen.

Unda Hörner

Hoch oben in der guten Luft

Die literarische Bohème in Davos

blue notes 26,
128 Seiten, Halbleinen
ISBN 978-3-838740-03-3

Sie kamen in Scharen – und bei den meisten war es Liebe auf den ersten Blick. Vier biografische Episoden: Katia & Thomas Mann; Gala Dalí & Paul Éluard; Mopsa Sternheim & René Crevel; Klabund.

»Kenntnisreich nimmt uns Unda Hörner mit zu einem Künstler-Treffpunkt, an dem Erlebtes zu Literatur wurde.«
Kieler Nachrichten

Wie inspirierend sich das Reizklima auf die Kunst auswirkte, beweist Unda Hörner in dem azurblauen Leinenbändchen anhand von Originalzitaten. Wie trügerisch das Vertrauen in die Heilkräfte der Natur bisweilen war, zeigt sie in luftigen Texten mit elegischer Note.
Christiane Schott, Die Zeit

Bibliografische Information der
Deutschen Nationalbibliothek
Die Deutsche Nationalbibliothek verzeichnet diese
Publikation in der Deutschen Nationalbibliografie;
detaillierte bibliografische Daten sind im Internet
über http://dnb.d-nb.de abrufbar.

1. Auflage 2011
© edition ebersbach
www.edition-ebersbach.de
Alle Rechte vorbehalten.

Satz und Umschlaggestaltung: Birgit Cirksena, Berlin,
unter Verwendung eines Bildes der Königin Luise um 1900.
picture-alliance / akg-images
Druck und Bindung: Westermann Druck, Zwickau
ISBN 978-3-86915-029-1